능격
★★★ SEASON 5 ★★★
향상

(주)지아이에듀테크 오상열 저

쉽게 배우고
생활에 바로 쓰는
인터넷 활용

iCox
Education by Sympathy

쉽게 배우고 생활에 바로 쓰는
인터넷 활용

초판 1쇄 인쇄 2024년 8월 16일
초판 1쇄 발행 2024년 8월 26일

지은이 (주)지아이에듀테크 오상열
펴낸이 한준희
펴낸곳 (주)아이콕스

디자인 프롬디자인
영업 김남권, 조용훈, 문성빈
경영지원 김효선, 이정민

주소 경기도 부천시 조마루로 385번길 122 삼보테크노타워 2002호
홈페이지 www.icoxpublish.com
쇼핑몰 www.baek2.kr (백두도서쇼핑몰)
이메일 icoxpub@naver.com
전화 032-674-5685
팩스 032-676-5685
등록 2015년 7월 9일 제 386-251002015000034호
ISBN 979-11-6426-250-2 (13000)

36년째 컴퓨터와 스마트폰 강의를 하면서 늘 고민합니다. "더 간단하고 쉽게 교육할 수는 없을까? 더 빠르게 마음대로 사용하게 할 수는 없을까?" 스마트폰에 대한 지식이 없으며 한글도 영어도 모르는 서너 살 아이가 컴퓨터와 스마트폰을 사용하는 것을 보고 어른들은 감탄합니다.

무엇을 배울 때 노트에 연필로 적어가며 공부하던 아날로그적 방식으로 첨단 기기를 배우는 것보다, 어린 아이들처럼 직접 사용해 보면서 경험적으로 습득하는 것이 가장 빠른 배움의 방식입니다. 본 도서는 저의 다년간 현장 교육의 경험을 살려 꼭 필요한 방식으로 쉽게 접근할 수 있도록 했으며, 책만 보고 무작정 따라하다 발생할 수 있는 실수와 오류를 바로잡았습니다. 컴퓨터를 활용하는 데 꼭 필요한 핵심 내용을 중심으로 집필했기 때문에 예제를 반복해서 학습하다 보면 어느새 원리를 이해하고 활용할 수 있는 단계에 오르게 될 것입니다.

쉽게 배우고 생활에 바로 쓸 수 있게 집필된 본 도서로 여러분들의 능력이 향상되기를 바랍니다. 물론 본 도서는 여러분의 컴퓨터 능력을 향상시킬 수 있는 수많은 방법 중 한 가지라는 말씀도 드리고 싶습니다.

교육 현장에서 늘 하는 말이 있습니다.
"컴퓨터는 종이다. 종이는 기록하기 위함이다."
"단순하게, 무식하게, 지겹도록, 반복하세요. 단.무.지.반! 하십시오."
처음부터 완벽하지는 않겠지만 차근차근 익히다 보면 어느새 만족할 만한 수준의 사용자로 우뚝 서게 될 것입니다.

끝으로 이 책이 나올 수 있도록 도움을 주신 지아이에듀테크, ㈜아이콕스의임직원 여러분들께 감사의 마음을 전합니다.

㈜지아이에듀테크 오상열

QR 코드 사용법

★ 각 CHAPTER 마다 동영상으로 더 쉽게 학습할 수 있도록 QR 코드를 담았습니다.
QR 코드로 학습 동영상을 시청하는 방법은 다음과 같습니다.

01 Play스토어에서 네이버 앱을 ❶설치한 후 ❷열기를 누릅니다.

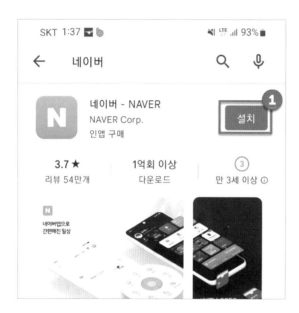 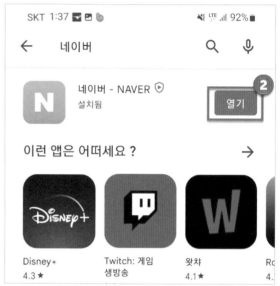

02 네이버 앱이 실행되면 검색상자의 ❸동그라미(그린닷) 버튼을 누른 후 ❹QR바코드 메뉴를 선택합니다.

03 본 도서에서는 **Chapter**별로 상단 제목 왼쪽에 ❺**QR 코드**가 있습니다. 스마트폰의 화면에 QR 코드를 사각형 영역에 맞춰 보이도록 하면 QR 코드가 인식되고, 상단에 동영상 강의 링크 주소가 나타납니다. ❻**동영상 강의 링크 주소**를 눌러 스마트폰으로 학습할 수 있습니다.

※ 유튜브에서 동영상 강의 찾기

유튜브(www.youtube.com)에 접속하거나, **유튜브 앱**을 사용하고 있다면 **지아이에듀테크**를 검색하여 동영상 강의를 들을 수 있습니다. **재생목록 탭**을 누르면 과목별로 강의를 찾아볼 수 있습니다.

목 차

교재예제 다운로드하기

본 도서의 예제 파일은 출판사 홈페이지에서 다운로드할 수 있습니다.

▶ 아이콕스 홈페이지(www.icoxpublish.com)

▶ 자료실 > 도서부록소스 메뉴에서 도서 제목을 찾아 다운로드하세요.

▶ 다운로드한 파일의 압축을 해제하고, 로컬 디스크(C:)로 복사해 사용합니다.

웹브라우저 설치와 설정

윈도에는 처음부터 '엣지' 브라우저가 설치되어 있으나 필요에 따라 다른 브라우저를 사용하기도 합니다. 구글과 관련된 사이트는 '크롬' 브라우저를, 네이버와 관련된 사이트는 '웨일' 브라우저를 사용하는 것이 편리합니다.

🔍 결과화면 미리보기

무엇을 배울까?	
❶ 크롬 다운로드와 설치	❹ 크롬 방문기록 지우기
❷ 웨일 다운로드와 설치	❺ 웨일에서 네이버 로그인하기
❸ 크롬에서 구글 로그인하기	❻ 웨일 방문기록 지우기

STEP 1 > 크롬 다운로드와 설치

01 바탕화면에서 **Microsoft Edge** 브라우저를 더블클릭으로 실행합니다.

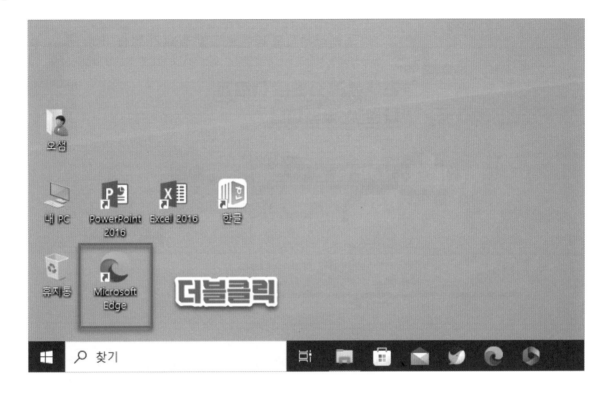

02 검색 상자에 ❶"구글크롬"을 입력하고 아래 검색목록에 표시된 ❷[구글크롬 다운로드]를 클릭합니다.

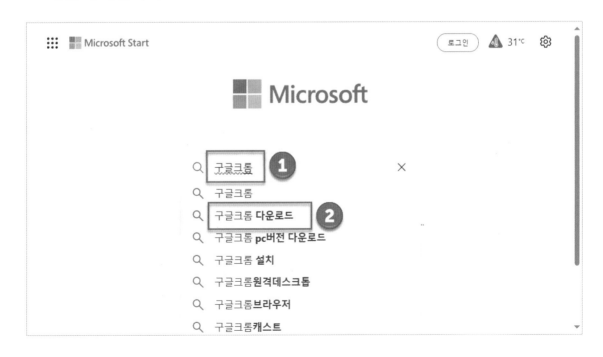

03 검색 결과에서 **[Chrome 웹브라우저-Google]**을 찾아서 클릭합니다. 순서나 위치는 그림과 다르게 표시될 수 있습니다.

04 새로 열린 페이지에서 **[Chrome 다운로드]**를 클릭합니다. 아래에 표시된 '~개선에 참여합니다'라는 메시지는 체크를 해제하더라도 설치하는데 문제가 되지는 않습니다.

05 다운로드를 시작하면 오른쪽 상단에 다운로드 버튼이 표시됩니다. 다운로드가 완료된 후 **[파일 열기]**를 클릭합니다.

06 설치가 끝나고 크롬이 실행된 화면입니다. 기본값 설정은 하지 않아도 되므로 여기에서는 그냥 **[닫기]** 버튼을 클릭합니다.

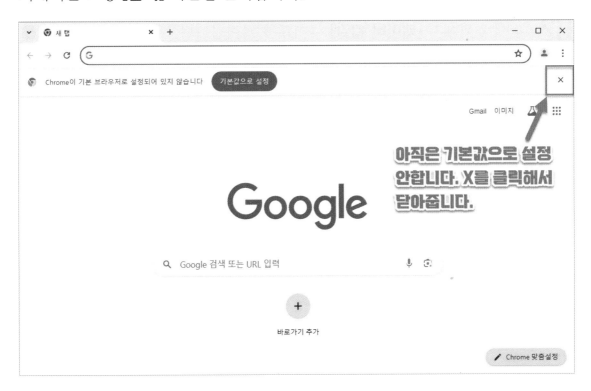

STEP 2 ▸ 웨일 다운로드와 설치

01 바탕화면에서 **엣지 브라우저**를 더블클릭으로 실행한 후, 검색 상자에 ❶"웨일"을 입력해서 목록에 나오는 ❷[웨일 다운로드]를 클릭합니다.

02 검색 결과에서 **[네이버 웨일]** 사이트를 클릭합니다.

03 네이버 웨일 페이지가 열리면 [웨일 다운로드]를 클릭합니다.

04 오른쪽 상단에 다운로드를 시작하면 다운로드 버튼이 나타나고, 완료가 되면 [파일 열기]를 클릭해서 설치를 시작합니다.

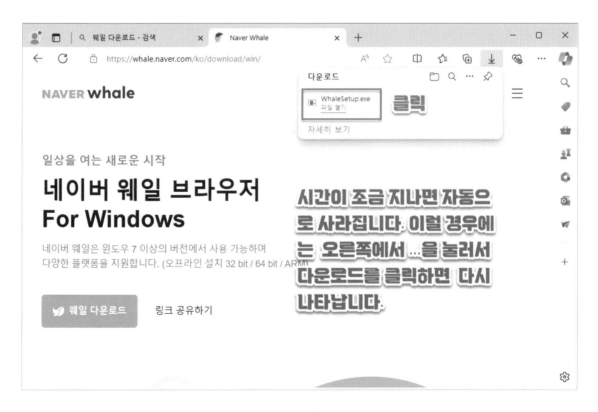

05 서비스 이용약관과 개인정보 백서가 나오며 여기서도 개선에 참여할 것인지 묻는데, 체크를 해제한 후 **[동의 및 설치]**를 클릭합니다.

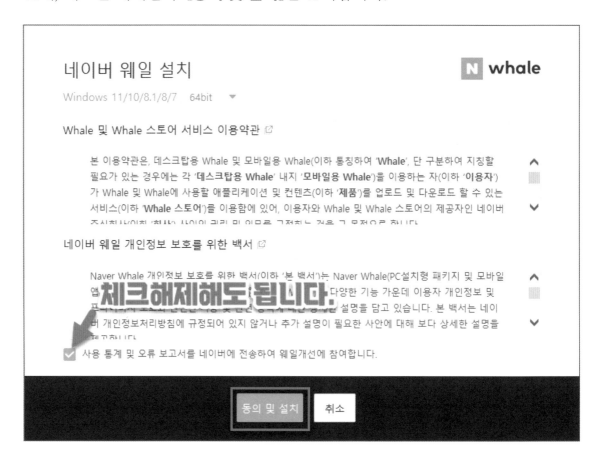

06 웨일 브라우저가 실행되면서 나머지 설정 사항을 물어보게 됩니다. **[로그인 없이 시작]**을 클릭합니다.

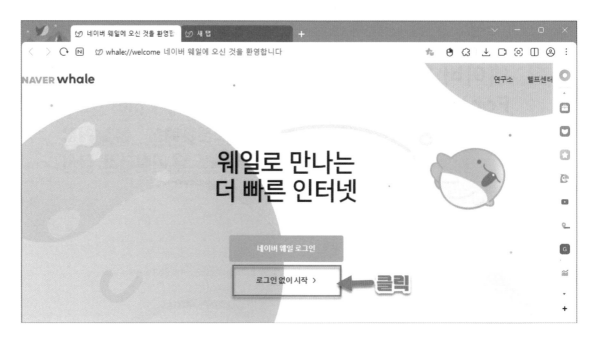

07 즐겨찾기/북마크를 가져올 것인지 묻는 창이 나오는데, 엣지 브라우저에 등록한 것을 가져올 것이 아니므로 오른쪽 하단의 **[건너뛰기]**를 클릭합니다.

08 스킨 컬러 선택하기에서도 **[건너뛰기]**를 클릭합니다. 화면의 색상배합을 선택하는 화면이므로 지금은 그냥 넘어가도록 합니다.

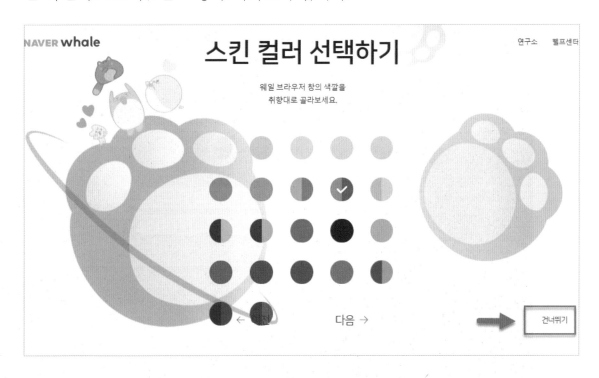

09 상단의 새 탭을 클릭했을 때 ❶[네이버] 홈페이지가 나오도록 선택한 후 ❷[완료]를 클릭합니다.

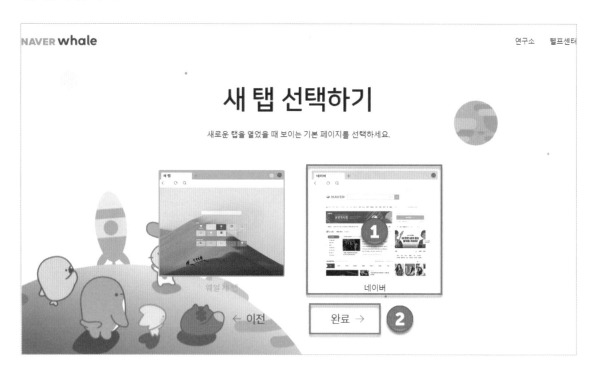

10 설치가 모두 끝났으므로 오른쪽 상단의 **[닫기]**를 클릭합니다. 웨일 브라우저의 창을 닫고 바탕화면으로 나갑니다.

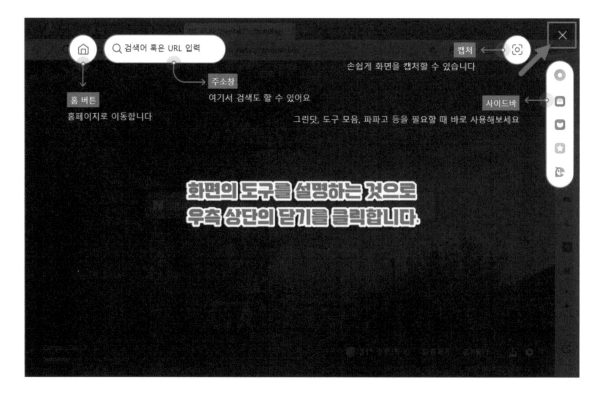

01 크롬 브라우저를 실행한 후, 우측 상단의 ❶**[Google 앱]** 버튼을 클릭한 다음 ❷ **[검색]**을 선택합니다.

02 이메일 또는 휴대전화 칸에 본인 구글 계정 ❶**[Gmail 주소]**를 입력하고 ❷**[다음]** 을 클릭합니다.

🎯 Gmail 주소

스마트폰 [Play 스토어]의 오른쪽 상단의 **계정**을 터치하면 보이는 것이 본인의 Gmail 주소입니다.

03 계정이 맞으면 다음과 같이 왼쪽에 **계정 이름**이 나온 상태에서 오른쪽에 비밀번호를 입력하는 칸이 나옵니다. 본인의 ❶[비밀번호]를 입력한 후 ❷[다음]을 클릭합니다.

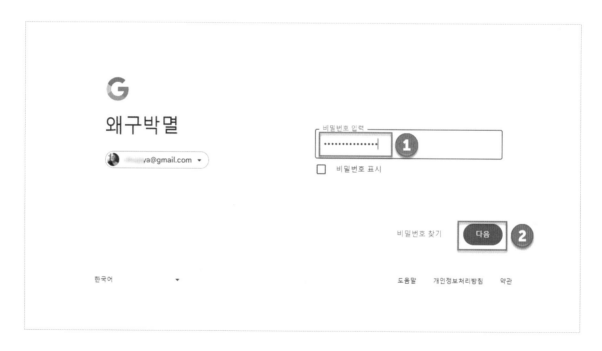

04 비밀번호가 맞으면 다음과 같이 계정 확인 작업을 위한 장면이 나옵니다. **스마트폰**으로 본인확인 과정을 수행해야 하며, 본인 확인을 마치면 아래의 화면은 자동으로 사라집니다.

05 스마트폰 화면에 다음과 같이 나오고 **[예, 본인이 맞습니다]**를 누르면 컴퓨터에서 다음 화면으로 넘어갑니다.

01 방문했던 사이트에서 어떤 내용을 입력하면 사용하던 PC에 흔적을 남기게 됩니다. 방문 기록을 지우고 싶다면 먼저 ❶[계정] 버튼을 클릭해서 ❷[로그아웃]을 합니다.

02 우측 상단의 ❶[기타옵션]을 클릭한 후 ❷[방문 기록]에 마우스를 올려 놓으면 나오는 ❸[방문 기록]을 클릭합니다(단축키 : Ctrl + H).

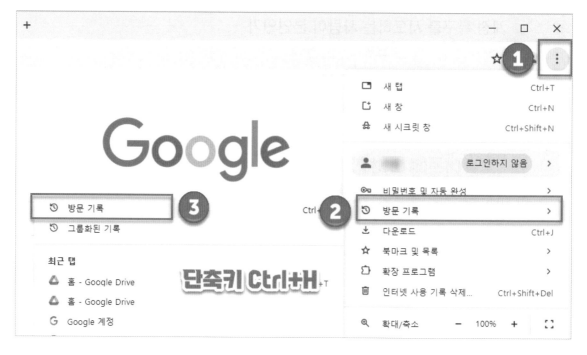

03 [인터넷 사용 기록 삭제]를 클릭합니다.

04 대화상자에서 ❶[고급] 탭을 클릭한 다음 ❷[기간] 드롭다운을 클릭해서 ❸[전체 기간]을 선택합니다. 이렇게 하면 브라우저를 사용할 때 이전 기간에 남겼던 것들도 모두 지우게 됩니다. 개인정보를 관리한다는 목적으로 공용으로 사용하는 브라우저에서는 반드시 해줘야 하는 작업입니다.

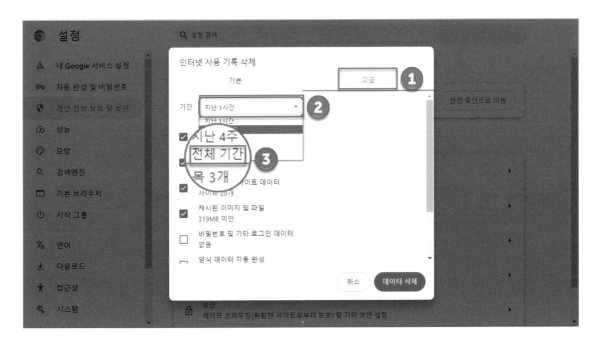

05 아래 그림과 같이 ❶모든 항목을 체크한 후 ❷[데이터 삭제]를 클릭합니다. 이렇게 하면 구글 계정으로 로그인 한 사이트에서 로그아웃을 하지 않았다면 자동으로 로그아웃이 되며, 이름과 주소, 전화번호 등 개인 신상에 대한 내용과 아이디 그리고 비밀번호까지 기억했던 모든 것을 **현재의 컴퓨터**에서 지울 수 있습니다.

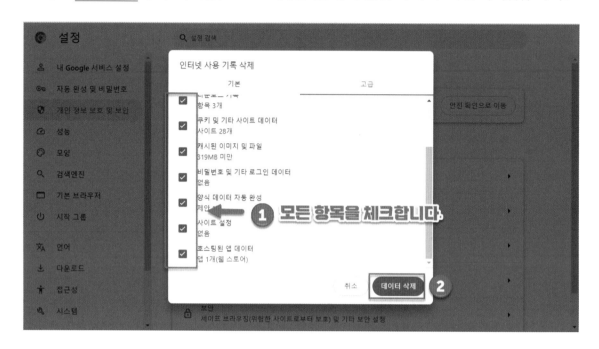

06 방문 기록 삭제가 끝났으므로 브라우저의 창을 **[닫기]**합니다.

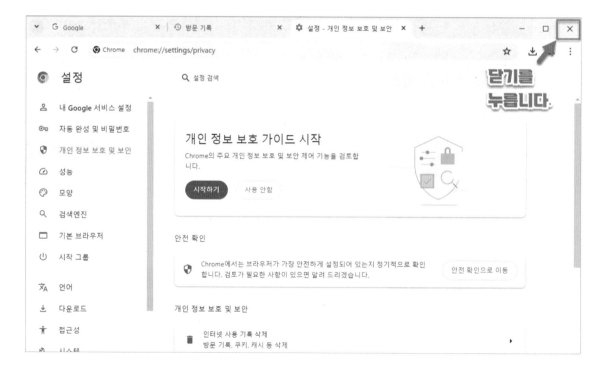

01 바탕화면에서 **[네이버 웨일]**을 더블클릭해서 실행합니다.

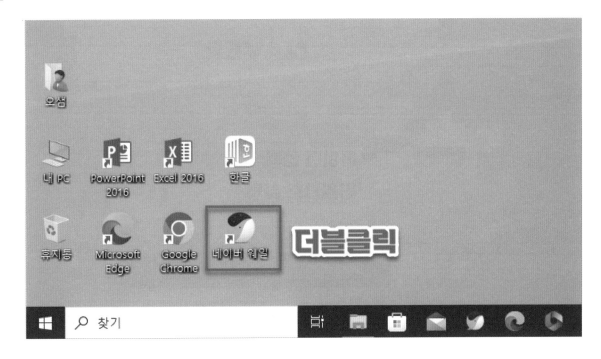

02 네이버 사이트가 열리면 **[NAVER 로그인]**을 클릭합니다.

03 네이버에 이미 가입되어 있다면 **아이디**와 **비밀번호**를 입력한 후 **[로그인]**을 클릭합니다.

04 로그인이 정상적으로 되면 다음과 같이 **본인의 이름**이나 **프로필 이름**이 나오게됩니다. [로그아웃]이 보이면 로그인 상태입니다.

05 [로그아웃]을 클릭한 후 [로그인]을 다시 클릭해서 이번에는 **[QR코드] 탭**을 클릭 합니다. 공용 PC에서 안전하게 로그인하는 방법입니다. 화면에 표시된 **숫자를 기 억**하세요.

06 스마트폰에서 **[네이버]** 앱을 눌러서 실행한 후 **[그릿 닷]** 버튼을 누릅니다. 스마 트폰은 개인용이므로 일반적으로 네이버에 로그인된 상태일 것입니다.

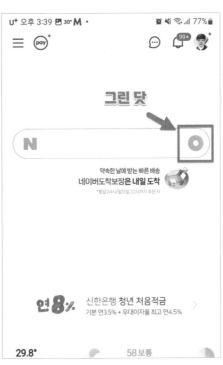

07 [QR바코드]를 누른 다음 모니터에 보이는 QR코드가 인식되게 한 후 상단의 [Naver Sign in]을 누릅니다.

 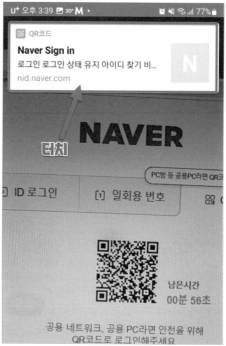

08 모니터 화면에 있던 **QR코드 아래의 숫자**를 스마트폰에서 누르면 PC에서 따로 아이디와 비밀번호를 넣지 않고도 정상적으로 로그인에 성공합니다.

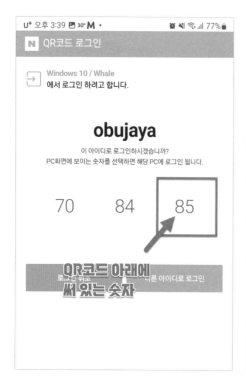 

STEP 6 > 웨일 방문 기록 지우기

01 웨일 브라우저에서 **[로그아웃]**을 한 후, ❶**[기타옵션]** ▶ ❷**[방문 기록]** ▶ ❸**[인터넷 사용 기록 삭제]**를 차례대로 클릭합니다.

02 ❶**[고급] 탭** ▶ ❷**[전체 기간]** ▶ ❸**[모든 항목 체크]** ▶ ❹**[데이터 삭제]**를 차례대로 클릭합니다.

인터넷 사용 기록 삭제

기본　　　　　　　　　고급　❶

기간　전체 기간　∨　❷

☑ 인터넷 사용 기록
　　항목 7,887개

☑ 다운로드 기록　←❸ **모든 항목 체크**
　　항목 137개

☑ 쿠키 및 기타 사이트 데이터
　　사이트 518개

☑ 캐시된 이미지 또는 파일
　　320MB

☑ 비밀번호 및 기타 로그인 데이터
　　비밀번호 3개(도메인: naver.com, dooinauction.com, 외 1개)

＿ 양식 데이터 자동 완성

❹ 데이터 삭제

혼자서 연습하기

1 구글 크롬 브라우저를 [기본 브라우저]로 설정해 보세요.

2 크롬 브라우저를 실행하면 **시작 페이지**로 [네이버]가 열리도록 설정해 보세요(네이버 https://www.naver.com).

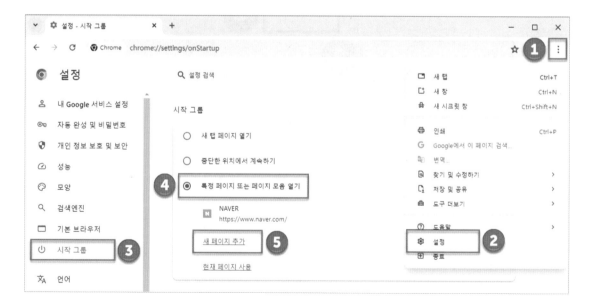

02

무료 이미지 사이트 활용

인터넷을 사용하면서 가장 많이 사용하는 기능 중 하나는 원하는 이미지를 검색하여 저장하는 것입니다. 여기에서는 무료 이미지와 영상을 저장할 수 있는 사이트의 회원가입과 다운로드 방법을 배웁니다.

결과화면 미리보기

무엇을 배울까?

❶ 펙셀스 가입하기
❷ 이미지 다운로드
❸ 동영상 다운로드
❹ 펙셀스 로그아웃

❺ 프리픽 가입하기
❻ AI 이미지 생성기
❼ 생성된 이미지 다운로드

01 [Google Chrome]을 실행한 후 ❶[Google 앱] ▶ ❷[검색]을 차례대로 클릭합니다.

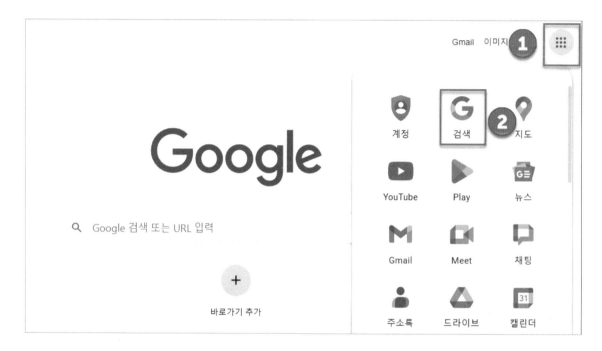

02 [로그인]을 클릭해서 **구글 계정**으로 **로그인**을 합니다. 앞으로 로그인을 하는 과정은 [Chapter01]의 과정대로 수행합니다. ❶"펙셀스"라고 검색하여 ❷Pexels **사이트**를 클릭합니다.

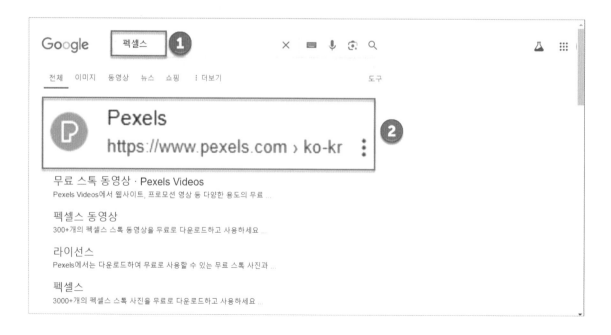

03 상단의 **[가입]**을 누르면 **[로그인]**으로 변경되는데, 아래 화면은 시간이 지남에 따라 변경될 수 있고 [Sign In]으로 나오기도 합니다. **[가입]** ▶ **[로그인]**을 찾아서 클릭합니다.

04 **[Google로 로그인]**을 클릭합니다. 이미 크롬 브라우저에는 구글로 로그인이 되어 있으므로, 여러분이 사용하는 계정만 선택하면 곧바로 가입이 끝나게 됩니다.

05 브라우저에 로그인한 본인의 **[구글 계정]**을 선택합니다.

06 펙셀스 사이트에 내 이름, 이메일 주소, 프로필 사진 등을 공유하겠다는 메시지가 나오는데 **[확인]**을 클릭해야 합니다.

07 펙셀스 사이트를 어떤 용도로 사용할 것인지, 무엇을 만들려고 하는지, 이메일은 받겠는지 묻는 화면이 나옵니다. 이러한 화면도 시간이 지남에 따라 얼마든지 내용이 바뀔 수 있으므로 적당한 것으로 답변을 선택합니다.

STEP 2 ▶ 펙셀스 이미지 다운로드

01 검색 상자에 **"여행"**을 입력한 후 `Enter`를 누릅니다.

02 검색 결과에서 ❶[필터]를 클릭해서 ❷[모든 방향]을 ❸[수평]으로 선택하면 수직으로 촬영된 것은 검색 결과에서 제외됩니다. 앞으로 무엇을 검색하더라도 이렇게 필터를 찾아서 검색 결과를 줄여 보세요.

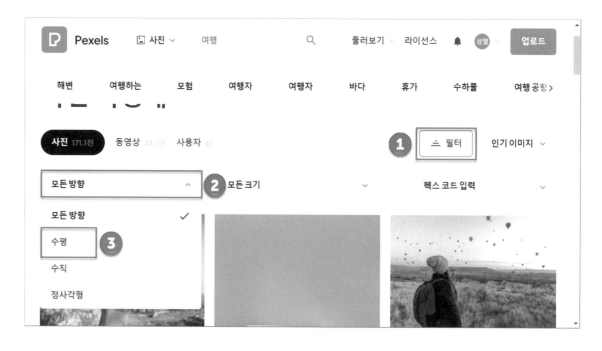

03 [모든 크기]를 눌러서 ❶[큰]으로 선택하고, ❷[헥스 코드 입력]을 클릭해서 ❸[주황색]을 선택합니다.

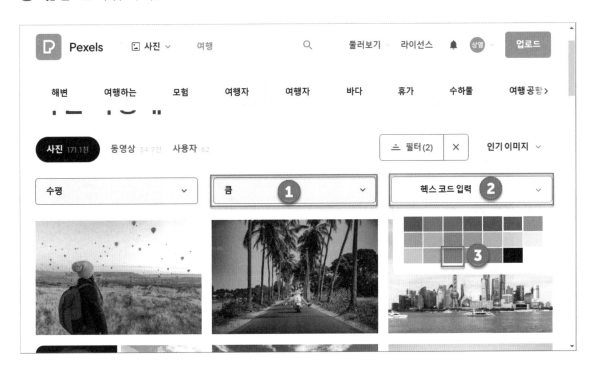

04 필터를 적용한 검색 결과가 표시됩니다. 시간이 지나면 더욱 다양하고 많은 사진이 검색될 것입니다. 사진을 검색할 때 시간을 줄이기 위해 항상 **[필터링]** 작업이 필요하다는 점을 기억하세요.

05 다운로드를 할 이미지에 마우스를 올려놓은 다음 우측 하단에 표시된 **[다운로드]** 버튼을 클릭합니다.

06 우측 상단에 다운로드가 완료된 것이 보입니다. **빈 곳을 클릭**하면 이전의 검색 결과 화면으로 되돌아갑니다.

STEP 3 ▶ 펙셀스 동영상 다운로드

01 검색 상자 왼쪽의 ❶[사진] 드롭다운을 클릭한 후 ❷[동영상]을 선택합니다.

02 ❶"여행"을 검색한 후 ❷[필터] 버튼을 눌러서 [모든 방향]을 ❸[수평]으로, [모든 크기는 ❹[큼]으로 설정합니다.

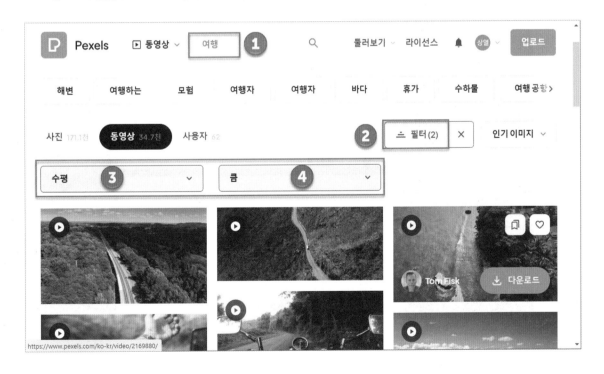

03 다운로드를 할 동영상에 마우스를 올려놓은 다음 우측 하단에 표시된 **[다운로드]** 버튼을 클릭합니다.

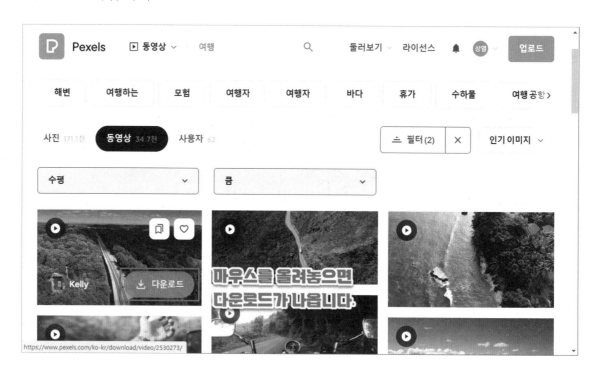

04 다운로드가 완료되었다면 **빈 곳을 클릭**해서 되돌아갑니다.

STEP 4 ▷ 펙셀스 로그아웃

01 사이트를 이용한 후 반드시 **[로그아웃]**을 합니다.

02 키보드에서 Alt + Home 을 눌러서 시작 페이지로 이동한 후, 구글 계정도 **[로그아 웃]**을 합니다. 공동으로 사용하는 컴퓨터에서는 **반드시 구글 계정까지 로그아웃**을 하도록 합니다.

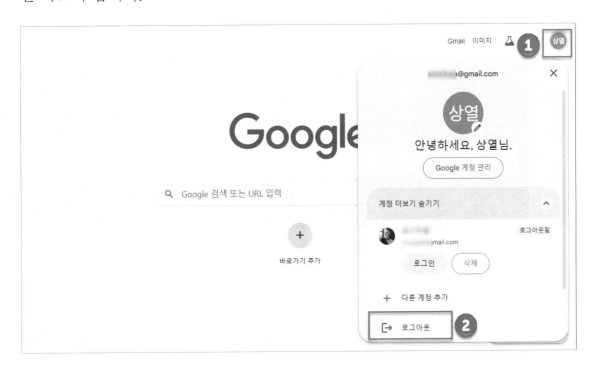

01 **크롬 브라우저**에 **구글 계정**이 **로그인**된 상태에서 **"프리픽"**을 검색하여 사이트를 열어줍니다.

02 우측 상단의 **[가입하기]**를 클릭합니다. 가입하기 버튼은 자주 변경되므로, 보이지 않을 경우에는 [로그인]을 누르면 나오기도 합니다.

03 본인의 **구글 계정**을 클릭하면 Google 계정으로 로그인하기 위한 창이 열립니다.

04 Google 계정으로 로그인 창이 나오면 **본인 계정**을 클릭하면 바로 로그인이 됩니다.

01 [AI 이미지 생성기]를 클릭합니다. 위치는 변경될 수 있으며, 무료 사용자의 경우 하루에 만들 수 있는 **이미지 개수에 제한**이 있습니다.

02 ❶"**달려오는 팬더곰과 강아지**"라고 입력한 후 ❷[Create] 버튼을 클릭합니다.

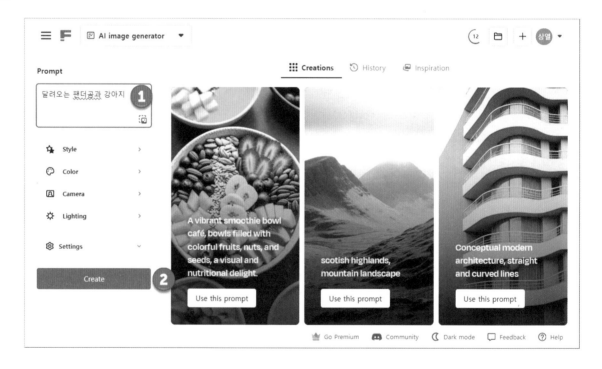

03 팬더곰과 강아지 이미지 4컷이 다음과 같이 생성되었습니다. 인공지능이 만들어 낸 이미지로 다른 곳에서 찾을 수 없는 이미지입니다.

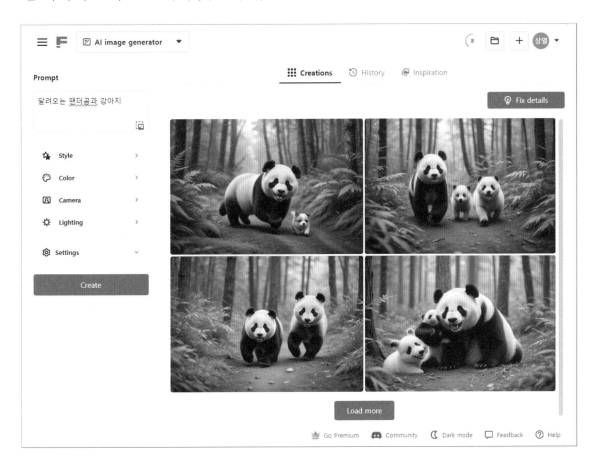

04 [History]를 누르면 그동안 작업한 결과를 확인할 수 있습니다.

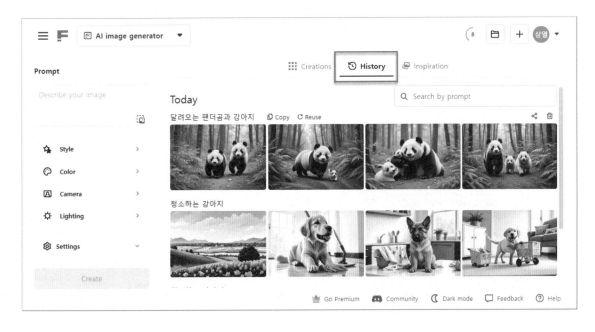

01 ❶[History]에서 다운로드하려는 ❷생성된 이미지를 클릭합니다.

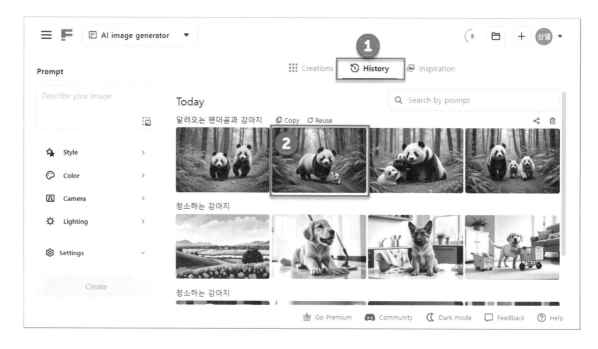

02 다양한 AI 생성기 작업이 나오지만 ❶[Export]를 눌러서 ❷[Download] 버튼을 클릭합니다(한국어로는 내보내기).

03 ❶[Reimagine]을 클릭해서 [Style]을 ❷Vector로 선택한 후 ❸[Reimagine] 단추를 클릭해서 결과를 생성한 다음 ❹다운로드할 이미지를 선택합니다.

04 [Export] ▶ [Download]를 클릭해 이미지를 다운로드합니다.

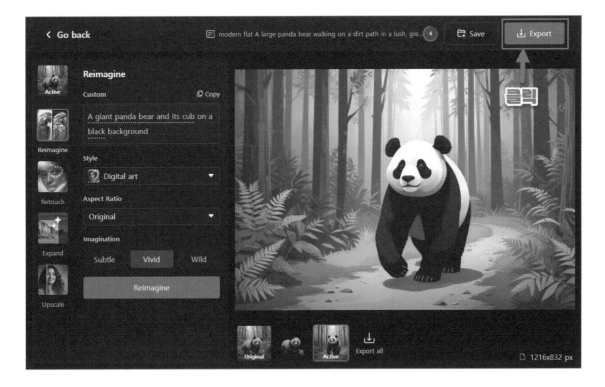

혼자서 연습하기

1 **픽사베이** 사이트에 가입하고 **[음악]**에서 **"바다"**에 관련된 것을 들어본 후 **[다운로드]**해 보세요.

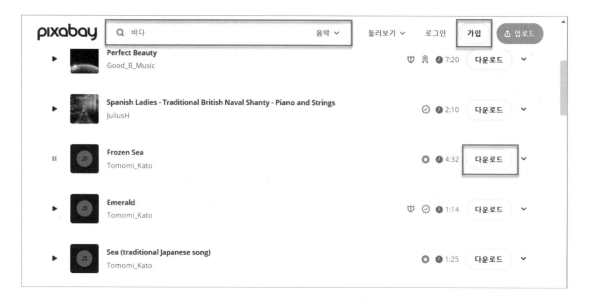

2 **프리픽** 사이트에서 **"달리기"** 벡터 이미지를 다운로드해 보세요.

CHAPTER 03

이미지 배경 제거

직접 촬영한 이미지나 다운로드한 이미지를 이용하여 다른 사진과 합성을 하려고 할 때 배경을 제거하고 싶은 경우가 종종 있습니다. 이제는 인공지능을 이용해서 몇 번의 클릭만으로 이미지의 배경을 간단히 제거할 수 있습니다.

 결과화면 미리보기

무엇을 배울까?

❶ 웹 이미지 배경 제거
❷ 멋진 배경과 합성하기
❸ 다운받은 배경과 합성하기
❹ 생성된 이미지 합성하기
❺ 캘리그라피와 합성하기

01 [Google Chrome] 브라우저를 실행하고 **"배경제거"**를 검색한 후 링크를 클릭합니다.

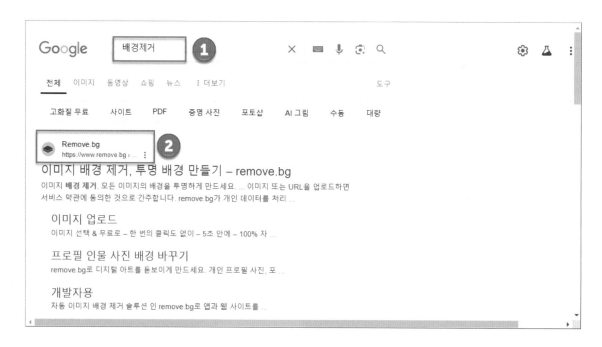

02 브라우저 상단에 [+]를 클릭해서 **새 탭** 페이지를 열어줍니다.

03

검색 상자에 ❶"에스파"를 입력하고 ❷[이미지] 검색을 합니다.

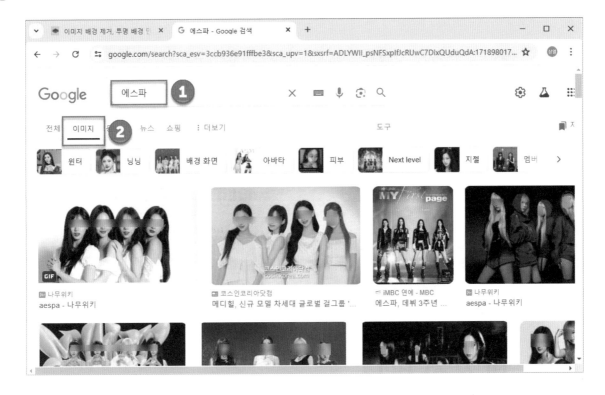

04

4명이 나온 ❶사진을 클릭하고, 오른쪽에 나온 이미지에 ❷마우스 우클릭을 해서
❸[이미지 복사]를 클릭합니다.

05 앞의 **[이미지 배경 제거]** 탭을 클릭한 후, ❷`Ctrl`+`V`를 눌러서 붙여넣기를 하면
자동으로 배경 제거 작업이 진행됩니다.

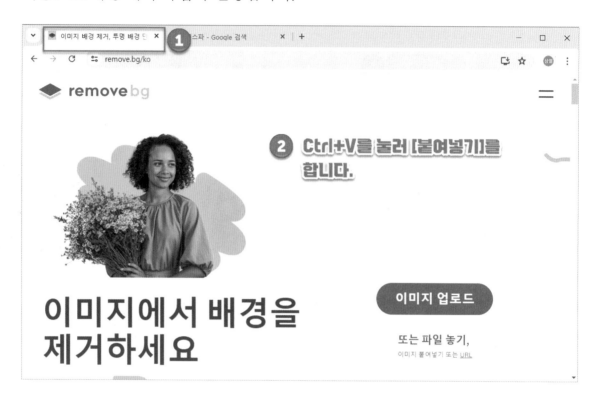

06 배경 제거된 결과를 **[다운로드]**를 클릭해서 컴퓨터에 저장합니다.

멋진 배경과 합성하기

01 **[크롬 브라우저]**로 **"임영웅 영탁 이찬원 장민호"** 이미지를 검색하여 앞의 과정대
로 **배경을 제거**한 다음 ❶**[+ 배경]**을 누릅니다.

02 마음에 드는 멋진 배경을 선택하면 합성이 된 결과가 왼쪽에 보이게 됩니다. **[완
료]**를 눌러서 되돌아갑니다.

03 배경과 합성된 결과가 나오면 **[효과]**를 클릭해서 배경 합성을 조금 더 조절할 수 있습니다.

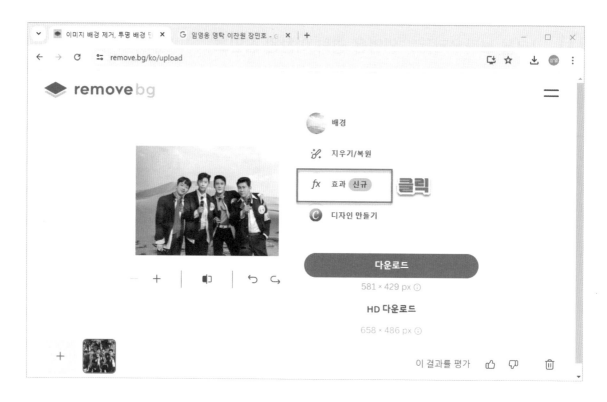

04 **[배경 흐림 효과]**로 아웃포커싱 효과를 적용할 수 있고, **[그림자 추가]**로 사람 뒤에 그림자를 적용할 수도 있습니다. **[완료]**를 클릭해서 마무리합니다.

다운받은 배경과 합성하기

01 구글에서 **"에펠탑"**을 이미지 검색한 후, 마우스 우클릭을 하여 **[이미지를 다른 이름으로 저장]**합니다. [다운로드] 라이브러리에 저장합니다.

02 **[이미지 배경 제거]** 탭으로 이동하여 **[배경]**을 클릭합니다.

03 [+] 버튼을 클릭하면 가져오기 대화상자가 나옵니다. 여기에서 필요한 사진을 등록하여 사용할 수 있습니다.

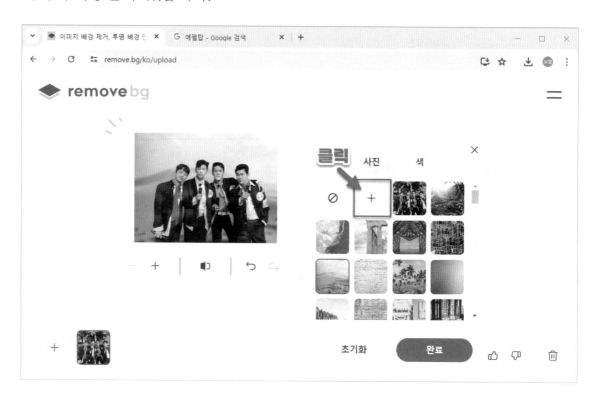

04 ❶[다운로드] 라이브러리에서 저장했던 ❷에펠탑 이미지를 선택한 후 ❸[열기]를 클릭합니다.

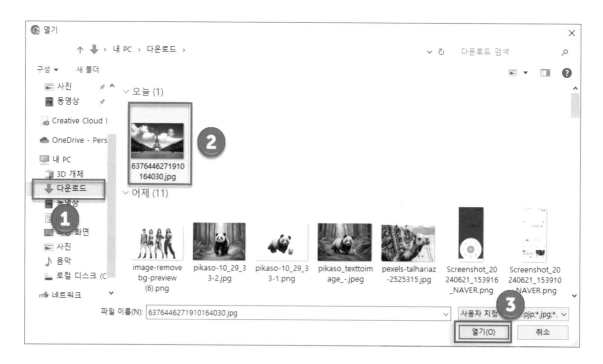

05 이미지 용량에 따라 약간의 시간이 걸릴 수도 있으며, 업로드가 완료되면 다음과 같이 합성 결과가 표시됩니다. **[완료]**를 눌러서 이전 화면으로 나갑니다.

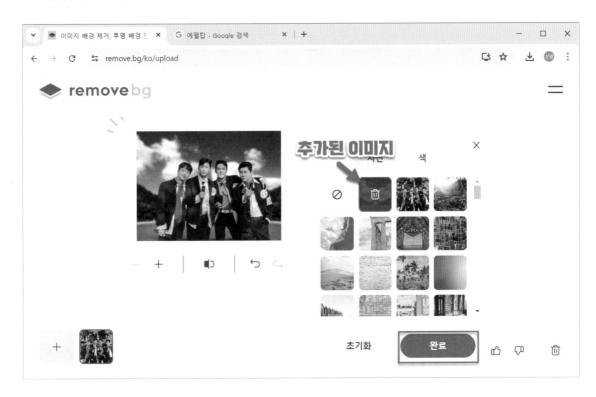

06 **[다운로드]**를 클릭해서 PC에 저장합니다. 바탕화면에서 **[내 PC]**를 실행하고 **[다운로드]** 라이브러리에서 저장된 이미지를 확인해 보세요.

01 크롬 브라우저에서 [remove.bg] 사이트로 이동합니다. 검색 상자에 **"배경제거"** 를 입력하거나, 주소에 ❶**"remove.bg/ko"**를 입력해도 됩니다. 배경 제거 사이 트가 열리면 ❷[이미지 업로드]를 클릭합니다.

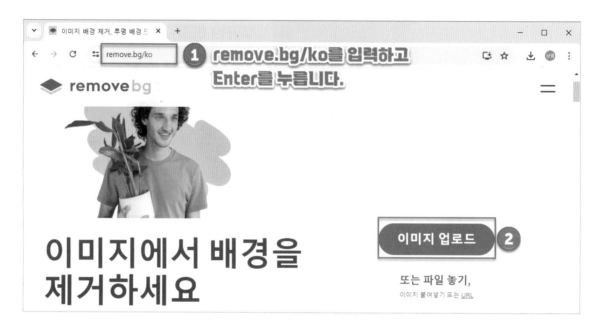

02 ❶[다운로드] 라이브러리로 이동하여 CHAPTER 2 과정에서 저장해놓은 ❷[팬더 곰]을 선택한 후 ❸[열기] 버튼을 클릭합니다.

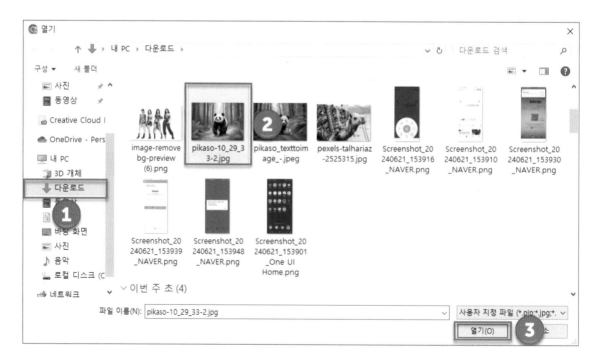

03 배경이 제거된 팬더곰이 나왔습니다. **[+ 배경]** 버튼을 클릭합니다.

04 ❶**[배경]**을 선택한 후 ❷**[완료]**를 클릭합니다. **AI 이미지 생성기**로 만들었던 팬더곰과 배경을 합성했습니다. **[다운로드]**로 저장합니다.

캘리그라피와 합성하기

01 크롬 브라우저에 [이미지 배경 제거] 사이트가 열려있는 상태에서 **새 탭**을 추가하여 **"캘리그라피"**를 검색합니다.

02 마음에 드는 캘리그라피 이미지를 찾아서 [이미지 복사]한 후, [이미지 배경 제거] 탭에서 Ctrl + V 를 눌러서 [붙여넣기]로 배경 제거가 되면 [+배경]을 클릭합니다.

03 원하는 배경을 선택하면 캘리그라피와 합성이 됩니다. **[완료]**를 클릭해서 이전
화면으로 되돌아갑니다.

04 **[효과]**에서 **[그림자 추가]**를 적용하면 캘리그라피에 그림자가 적용됩니다. **[다운
로드]**해서 내 PC에 저장합니다.

혼자서 연습하기

① **"말"**을 검색하여 배경을 제거하고 아래와 같이 합성해 보세요.

② **[교재예제(인터넷)]** 폴더에서 **"청소하는 강아지"** 파일을 가져와 아래처럼 합성해 보세요(예제 다운로드 : 아이콕스 홈페이지, 지우기/복원→복구 브러쉬 이용).

CHAPTER 04

렌즈 이미지 검색

일반적으로 텍스트를 입력해 검색하지만, 이미지의 일부분 또는 전체를 이용해 검색할 수도 있습니다. 브라우저에 따라 몇 가지 특징적인 이미지 검색들을 살펴보고, 이미지에 포함된 텍스트를 추출하여 복사하는 방법에 대해서도 배웁니다.

🔍 결과화면 미리보기

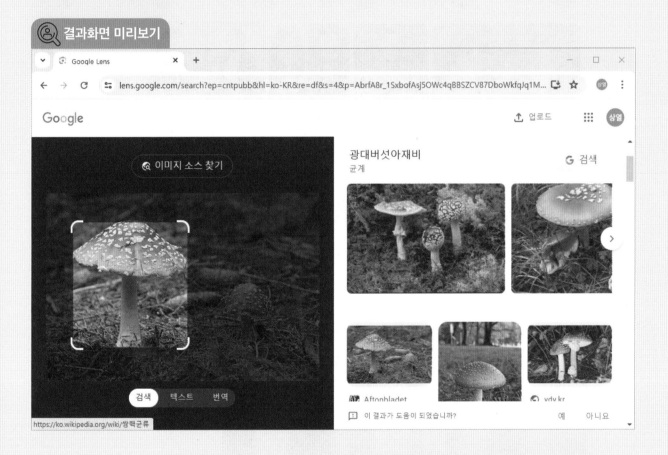

무엇을 배울까?

❶ 엣지 비주얼 검색 이미지 검색
❷ 크롬 구글 렌즈 이미지 검색
❸ 웨일 스마트 렌즈 이미지 검색
❹ 크롬 이미지 검색하기
❺ 이미지 속 텍스트 번역 추출하기

 **STEP 1** **엣지 비주얼 검색 이미지 검색**

01 엣지 브라우저를 실행한 후, ❶"눈물의 여왕"에서 ❷[이미지]를 검색하고 아래의 ❸[사진]을 클릭합니다.

02 [비주얼 검색]을 클릭하면 특정 영역을 지정하여 검색할 수 있습니다.

03 마우스를 드래그해 의상만 **영역으로 지정**하면 오른쪽 창에 해당 옷과 유사한 이미지를 검색해서 보여줍니다. 구글에 비교하면 데이터가 많이 부족하여 원하는 결과는 쉽게 보이지 않습니다.

04 [크롭 제거]를 클릭해서 비주얼 검색을 빠져나갑니다.

01 **크롬 브라우저**를 실행한 후, ❶**"눈물의 여왕"**에서 ❷**[이미지]**를 검색하고 아래의 ❸**[사진]**을 클릭합니다.

02 **[구글 렌즈]**를 클릭하면 유사한 이미지가 포함된 사이트들이 검색 결과로 표시됩니다.

03 전체에 적용된 **크롭 표시**를 조절해서 다음처럼 옷에 맞춰주세요. 원하는 곳을 클릭하면 자동으로 크롭 표시가 나타나기도 합니다.

04 아래에 동일한 옷을 입은 이미지에 쇼핑 가격이 표시되기도 하고, 같은 옷을 착용한 다른 사람의 이미지도 검색되어 표시됩니다.

01 웨일 브라우저를 실행한 후, ❶"눈물의 여왕"에서 ❷[이미지]를 검색하고 아래의
❸[사진]을 클릭합니다.

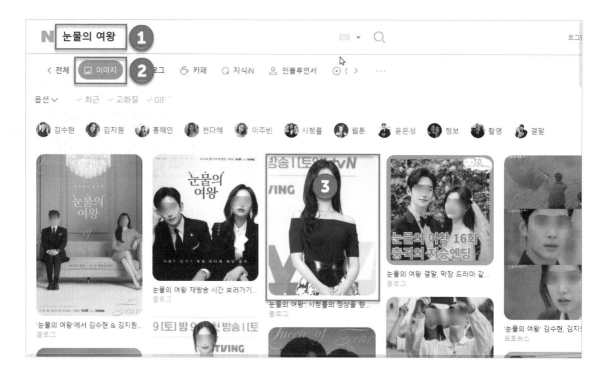

02 [스마트 렌즈] 버튼을 클릭합니다.

03 네이버는 상품이 보이면 쇼핑 검색되는 것이 먼저 나옵니다. **동그라미 포인트**가 현재 검색된 결과를 아래에 보여줍니다. 동그라미 포인터를 클릭하거나, 크롭 표시를 이동시켜서 검색해 보세요.

04 아래처럼 얼굴에 크롭 표시를 하면 해당 인물의 검색된 이미지가 나옵니다. 엣지(마이크로소프트)보다 데이터의 양이 훨씬 다양합니다.

STEP 4 ▷ 크롬 이미지 검색하기

01 **크롬 브라우저**를 실행한 후 **[렌즈] 버튼**(이미지로 검색)을 클릭합니다. 엣지 브라우저도 있지만 Bing.com에서 검색해서 데이터가 부족합니다.

02 렌즈로 이미지 검색하는 상자가 열리면, **[파일을 업로드하세요]**를 클릭합니다. 웹에서 이미지 주소를 복사해 붙여넣기도 가능합니다.

03 ❶[교재예제(인터넷)] 폴더에서 ❷[독버섯]을 선택한 후 ❸[열기]를 클릭합니다.

04 웹에서 비슷한 이미지를 찾아 무엇인지 검색 결과를 알려줍니다. 모르는 식물이나 동물, 사물 등의 이미지를 이용해 이름과 용도를 알아볼 수 있습니다.

이미지 속 텍스트 번역 추출하기

01 크롬 브라우저를 실행 후 **[렌즈]**에서 파일을 가져옵니다. 파일 위치는 **[교재예제 (인터넷)]**이고 파일은 **[텍스트추출번역.PNG]**입니다.

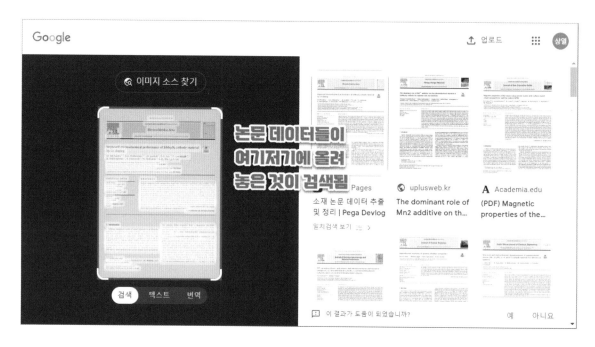

02 구글 렌즈는 ❶**[텍스트]**를 클릭하면 이미지 속에 있는 텍스트가 표시되어 보입니다. 특정 텍스트를 선택할 수도 있지만 여기에서는 ❷**[모든 텍스트 선택]**을 클릭합니다.

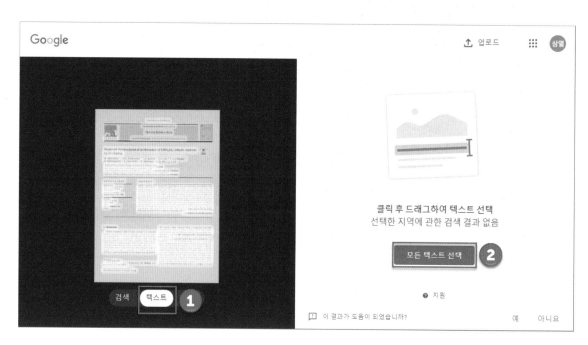

03 모든 텍스트가 블록으로 지정된 것이 왼쪽에 보이는데, 블록 지정된 텍스트를 복사하기 위해 **[텍스트 복사]**를 클릭합니다.

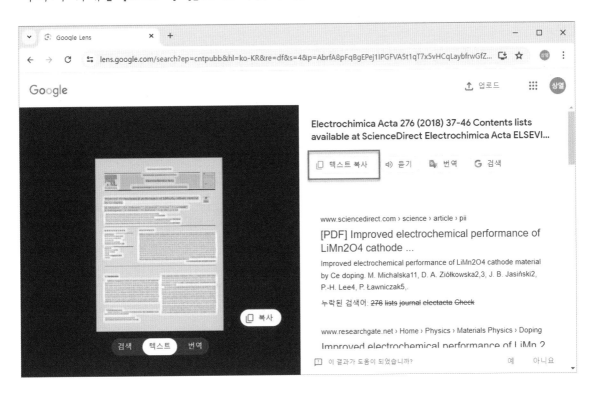

04 바탕화면에서 **[한글]** 앱을 실행한 후, Ctrl+V를 눌러서 **[붙이기]**를 하거나, 마우스 우클릭을 눌러서 [붙이기]를 합니다.

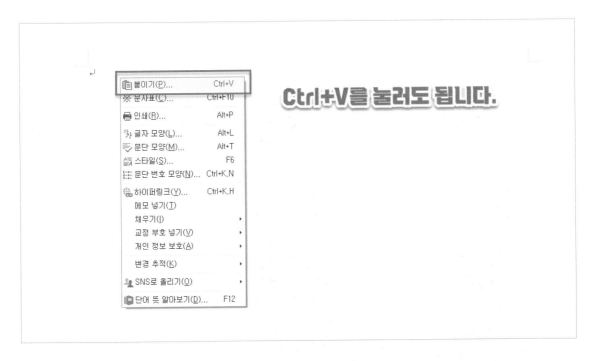

05 다음과 같이 이미지에서 추출한 본문 텍스트 내용을 한글 문서에 간단히 붙여넣기할 수 있습니다.

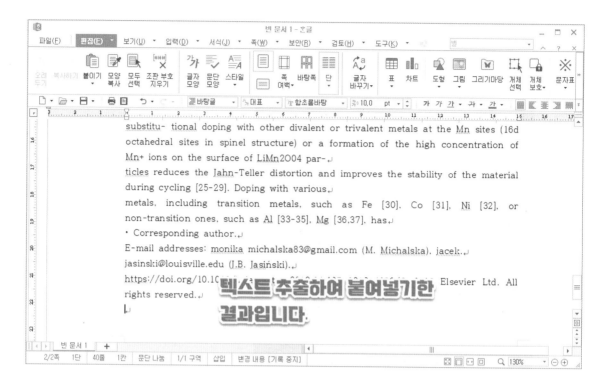

06 작업표시줄에서 열려 있는 크롬 브라우저를 클릭해서 활성화를 한 후, **[번역]**을 클릭하면 **원문**을 **자동 감지**하여 **[한국어]** 번역 결과가 나오게 됩니다.

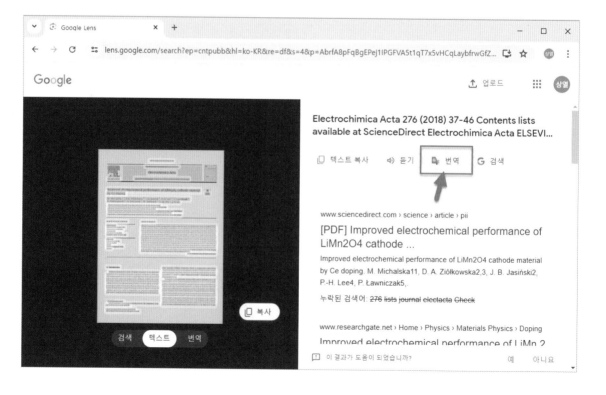

07 Google 번역의 결과에서 웹 페이지 아래로 이동해서 **[번역 복사]** 버튼을 클릭합니다.

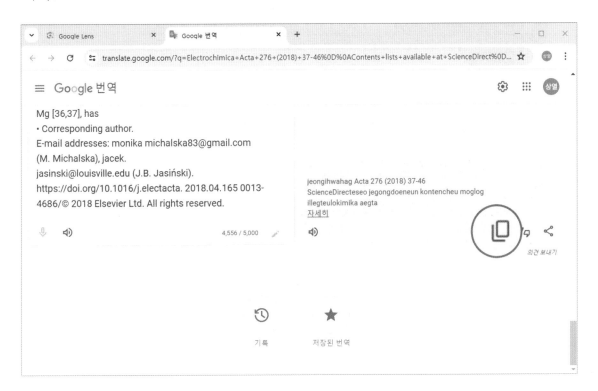

08 작업표시줄에서 **[한글]**을 클릭하여 활성화한 후 마지막 줄에서 Enter 를 누르고, 다음 줄에서 Ctrl + V 를 눌러 **[붙이기]**를 합니다.

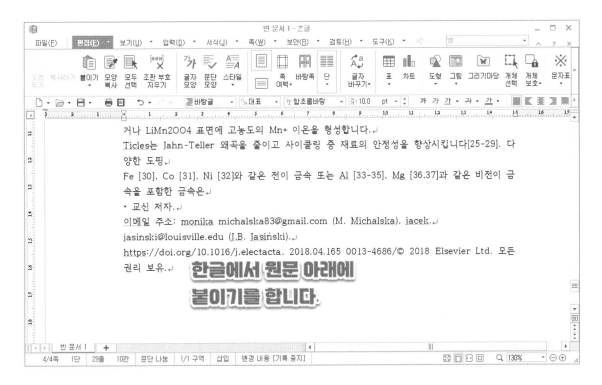

1 **[교재예제(인터넷)] ▶ [북극영화]**를 아래와 같이 번역해 보세요.

네이버 지도로 동네 둘러보기

네이버 지도의 다양한 기능을 이용하여 우리 동네의 상권 상황을 파악해 보겠습니다. 거리와 면적, 반경 그리고 거리뷰와 CCTV를 활용할 수 있습니다. 이 정도는 사용해야 인터넷을 제대로 활용하는 것이지요.

결과화면 미리보기

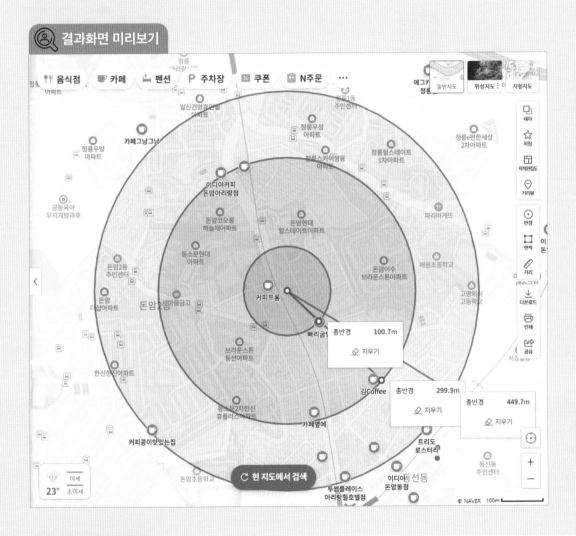

무엇을 배울까?

❶ 우리 동네 지도보기
❷ 지도로 역세권 확인하기
❸ 반경 내 점포 수 알아보기

❹ 지도로 용도 알아보기
❺ 거리뷰로 실제 모습 보기
❻ CCTV로 교통상황 살펴보기

01 **웨일 브라우저**를 실행한 후 **[지도]**를 클릭하고, 검색 상자에 지역명을 입력합니다. **"도농역"**을 입력한 후 Enter 를 누릅니다.

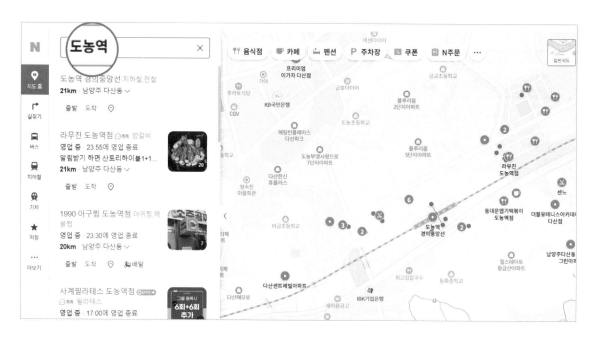

02 도농역 인근이 표시된 상태에서 검색 상자에 기존 내용을 지우고 **"무인카페"**를 입력한 다음 Enter 를 누릅니다. 해당 지역 근처에 무인카페가 얼마나 있는지 확인할 수 있습니다.

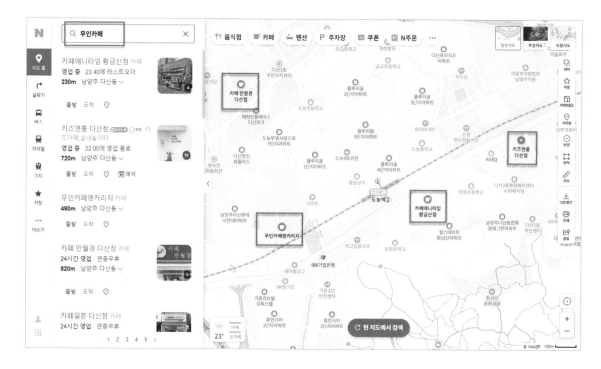

03 **"개봉역"**을 검색한 후 근처에 **"미용실"**의 위치와 몇 개가 있는지 확인해 봅니다.

04 지도를 마우스 왼쪽을 누른 상태로 아래로 당겨서 **[양천구청역]** 근처로 이동한 후 **[현 지도에서 검색]**을 클릭합니다. 상당히 많은 미용실이 검색되어 보이죠? 현재 살고 있는 지역도 검색해 보세요.

STEP 2 ▶ 지도로 역세권 확인하기

분양광고를 보면 **역세권**, 학세권, 숲세권 등 이야기를 많이 하는데 역세권은 **거리가 500m 이내**이고, **도보로 10분 이내**면 **역세권**이라고 합니다.

01 [광명동] **트리우스광명 105동**이 지하철역과 거리가 얼마나 되는지 역세권이 맞는지 확인해 봅니다. 먼저 **"트리우스광명"**을 네이버 지도에서 검색 상자에 입력합니다.

02 지도 오른쪽의 도구를 보면 **[거리]**가 있습니다. 사용하는 방법은 시작점에서 클릭하고, 거리를 잴 위치를 클릭한 후 마지막에 Esc를 누릅니다.

03 지도에서 **마우스 휠**을 이용하여 **[확대/축소]**를 하면서 작업합니다. **[확대]**를 해서 **105동**에 클릭을 한 후, **[광명사거리역]** 입구에 클릭을 한 다음 키보드 Esc 키를 누릅니다.

04 **직선 거리**로 총거리는 960여미터, 도보로 약14분이 걸립니다. 아래 그림은 거리를 따라 도보로 걷듯이 측정한 결과입니다. 측정한 경로를 지우고 싶다면 **[지우기]**를 클릭합니다.

네이버 지도에서 **[신설동역 10번출구]**를 기준으로 반경 50미터, 100미터, 300미터에 **치킨집**이 얼마나 분포되어 있는지 확인해 보겠습니다.

01 오른쪽의 ❶[반경]이란 도구를 클릭한 후, ❷[신설동역 10번출구]에 클릭해서 ❸ **50미터** 반경에 클릭, ❸**100미터** 반경에 클릭, ❹**300미터** 반경에 클릭한 다음 Esc를 누르거나 마우스 우클릭하면 마무리됩니다.

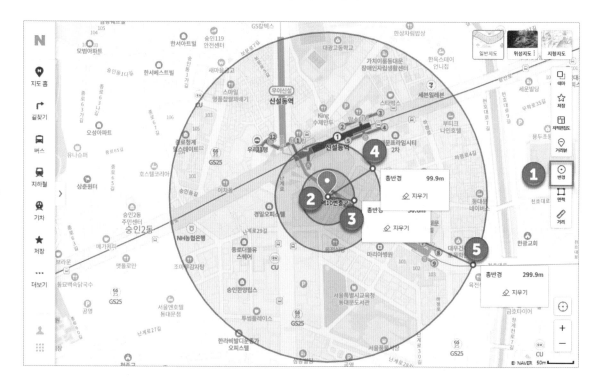

정확하게 50, 100, 300미터를 반경으로 지정하기는 힘드므로, 대략적인 거리가 측정되면 클릭해서 반경을 정하세요. 처음에는 쉽지 않아서 실수를 많이 하게 되어 지우고 다시 할 때가 많습니다. 반경을 하나씩 지울 수는 있으나 다시 반경을 그릴 수는 없으므로 다 지우고 다시 반경작업을 해야 합니다.

총반경	99.9m
◇ 지우기	

02 검색 상자에 **"치킨"**을 입력하고 [Enter]를 누릅니다. 지도를 확대해서 보면 얼마나 많은 치킨집이 근처에 있는지 확인할 수 있습니다.

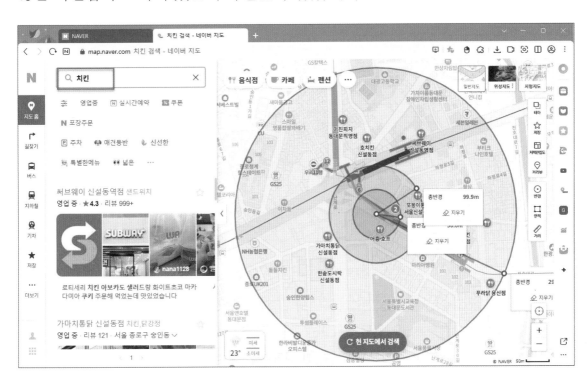

03 특정 브랜드명을 입력해서 체인점이 몇 개가 있는지 확인할 수도 있습니다. 예를 들어 **"노랑통닭"**을 입력하면 근처에는 단 한 곳도 없는 것을 확인할 수 있습니다.

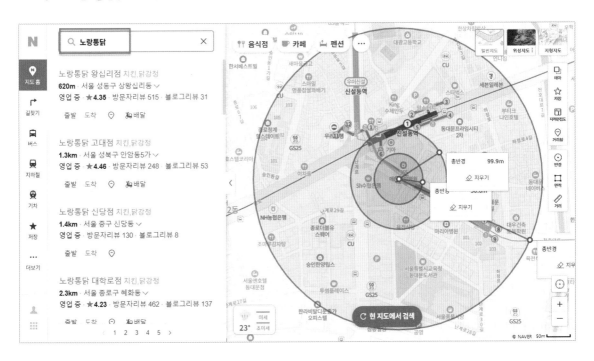

STEP 4 > 지도로 용도 알아보기

01 네이버 지도에서 검색 상자에 **"도림사거리"**를 검색하여 위치를 이동합니다.

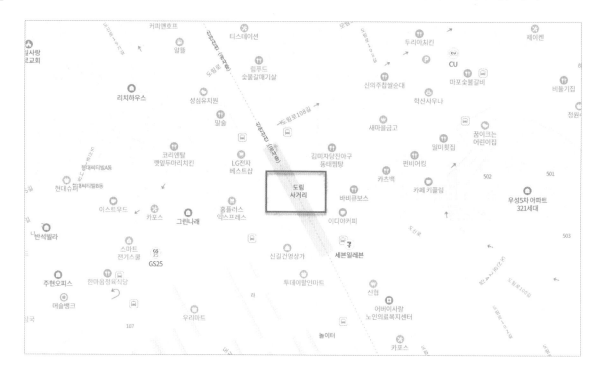

02 오른쪽 도구에서 **[지적편집도]**를 클릭하면 아래와 같이 지적도가 나오며, 지번과 경계가 표시되고 **주거지역**과 **공업지역**이 다른 색으로 표시됩니다.

03 지도의 오른쪽 하단에 **[지도 범례]**가 보입니다. **[용도]**를 누르면 색상별로 전용, 일반, 준주거지역 등으로 나누어진 것을 확인할 수 있습니다.

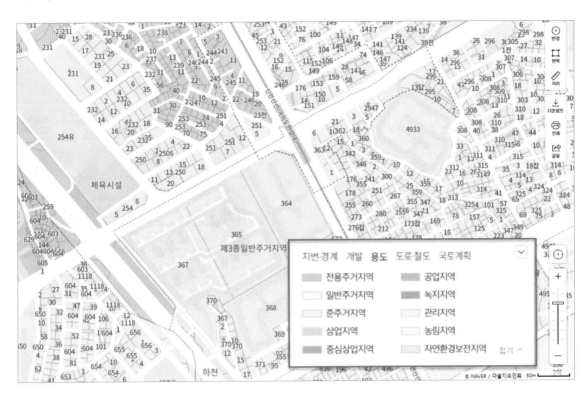

04 **[노량진역]** 근처로 이동하면 중심상업지역과 상업지역을 확인할 수 있는데, 역시 번화한 곳이라고 볼 수 있습니다.

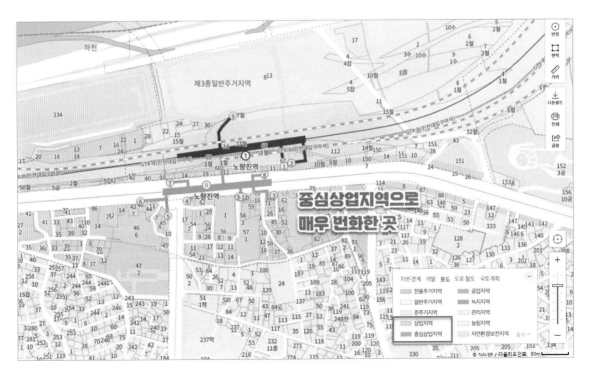

STEP 5 · 거리뷰로 실제 모습 보기

01 오른쪽의 **[거리뷰]** 도구를 클릭해서 건물의 외관 및 임대상황 등도 살펴볼 수 있습니다.

02 **[전체보기]**를 클릭하여 크게 거리뷰를 봅니다.

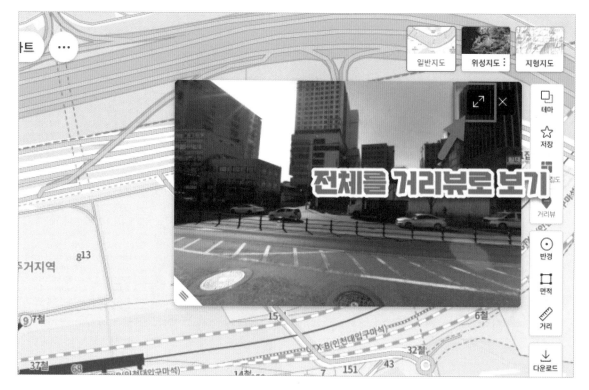

03 처음 거리뷰를 볼 경우에는 몇 가지 물어보는 항목이 있지만, 묻는 대화상자는 닫아도 됩니다.

04 같은 곳을 **촬영한 다른 날짜**를 살펴볼 수도 있습니다. 목록에서 과거의 날짜를 클릭하여 지금과 어떻게 달라졌는지 살펴 보세요.

01 네이버 지도에서 오른쪽에 보이는 [테마]를 클릭해서 [CCTV]를 선택합니다.

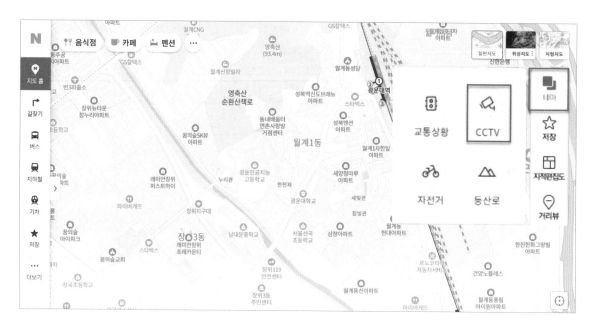

02 한남대교 남단이 보이도록 지도를 축소하면 아래와 같이 CCTV 카메라가 곳곳에 보입니다. [잠원IC]에 있는 카메라 아이콘을 클릭합니다.

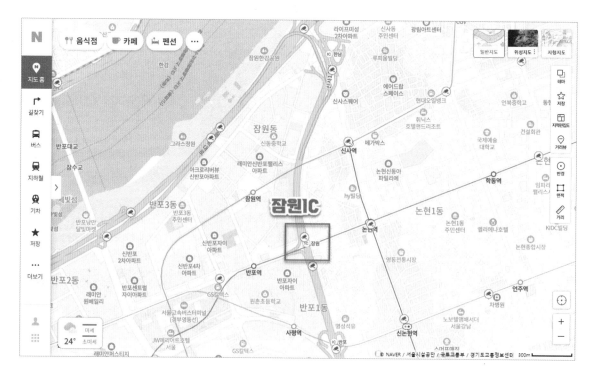

03 경찰청과 서울시설공단에서 제공하는 장면이 보입니다. 그만 볼 경우에는 **[닫기]**를 클릭하면 됩니다.

04 보이는 CCTV의 오른쪽 아래에 **이전/다음** 카메라 위치의 현 상황을 볼 수 있습니다. 고속도로 상황이니 부산까지 갈 수도 있습니다.

05 CCTV의 내용을 크게 보고 싶을 때는 마우스를 영상 위에 올려놓은 후 **[전체 화면]**을 클릭합니다.

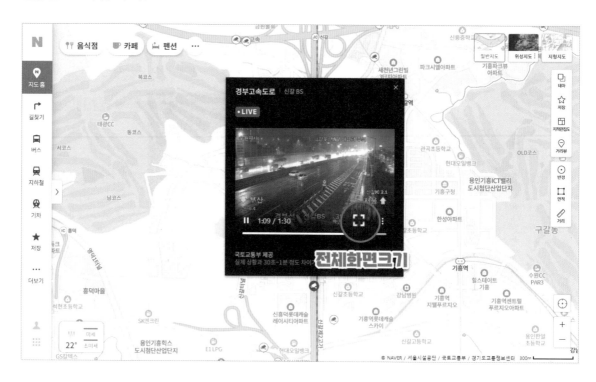

06 다시 이전 크기로 되돌리려면 역시 영상 위에 마우스를 올려놓은 후 **[이전 크기]** 버튼을 클릭합니다. 현재 날씨 상황도 카메라에 보이듯 비가 오고 있습니다.

혼자서 연습하기

1 **"춘천시 효자사거리"** 인근의 **[지적편집도]**를 다운로드하세요.

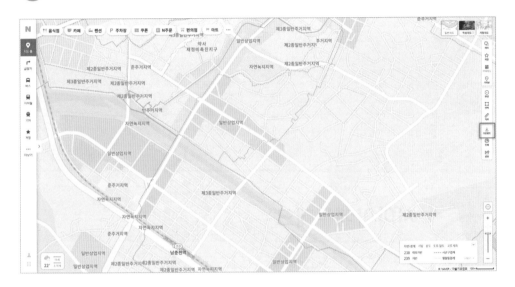

2 **[철산역 4번출구]** ▶ **[광성초등학교 정문]** 까지의 **거리**를 측정해 보세요.

CHAPTER

06

유튜브 제대로 활용하기

스마트폰으로 가장 많이 보는 앱이 무엇인지 조사를 하면 1위 유튜브, 2위 카카오톡, 3위 네이버 순으로 보고 있다고 합니다. 여기에서는 유튜브를 더욱 효과적으로 활용할 수 있는 몇 가지 방법을 배웁니다.

결과화면 미리보기

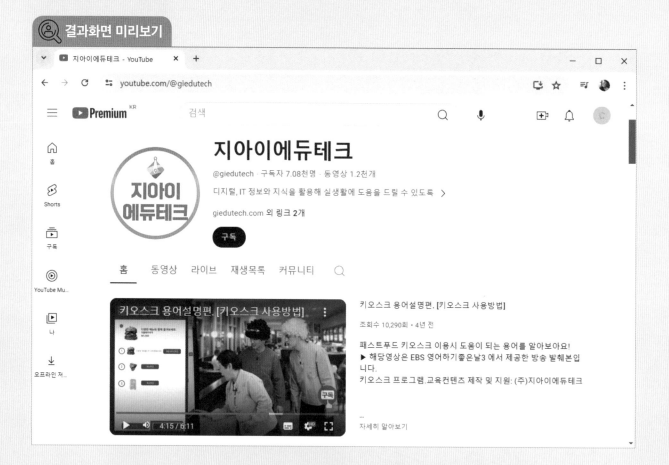

무엇을 배울까?

❶ 유튜브 필터링하기
❷ 영상 속도 조절하기
❸ 재생목록 활용하기

❹ 광고 없이 시청하기
❺ 내 채널 만들기

STEP 1 ▶ 유튜브 필터링하기

01 크롬 브라우저를 실행하여 [로그인]을 한 후 ❶[Google 앱]에서 ❷[YouTube]를 선택합니다.

02 ❶[검색어]를 입력해 영상을 검색한 후 ❷[필터]를 클릭합니다. 필터링을 하면 원하는 영상을 빠르게 찾을 수 있습니다.

03 최근에 올라온 영상을 위주로 검색을 하려면 **[업로드 날짜]**를 클릭합니다.

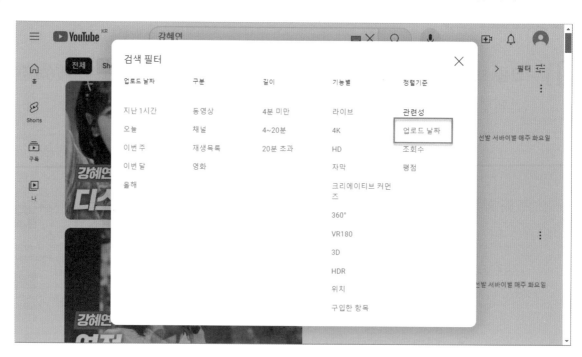

04 쇼츠와 동영상이 최근에 올라온 순서대로 목록을 만들어서 보여줍니다. **[필터]**
▶ **[조회수]**를 클릭해서 시청을 많이 한 영상을 순서대로 찾아보세요. 검색어가
포함된 다른 영상이 나올 수도 있습니다.

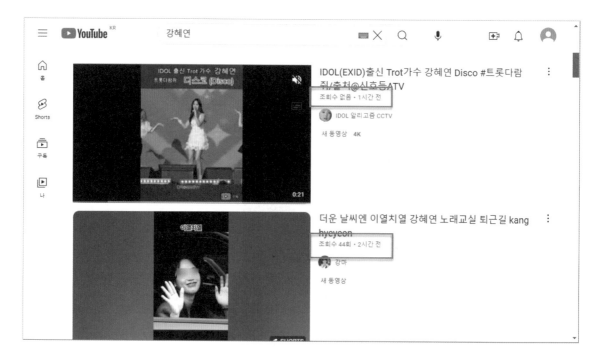

01 **"세바시 정희원"**을 검색한 후, 아래의 영상을 클릭합니다.

02 유튜브의 유료 회원이 아닌 경우 다음과 같이 영상에 광고가 표시됩니다. 표시된 광고를 잠깐 보면 **[건너뛰기]**가 나옵니다.

03 마우스를 영상 위에 올려 놓고 ❶[설정](톱니바퀴)을 클릭한 후 ❷[재생 속도]를 클릭합니다.

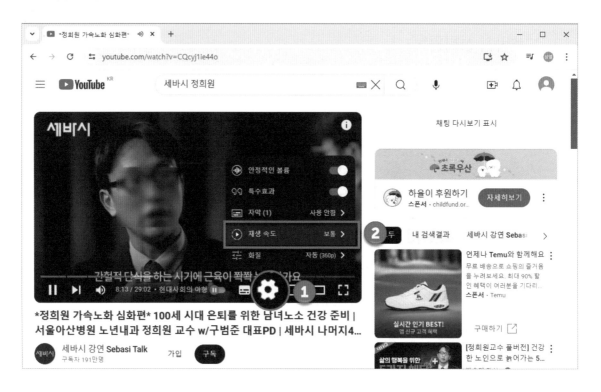

04 [1.5]배 속도를 클릭하면, 좀 더 빠르게 감상할 수 있습니다.

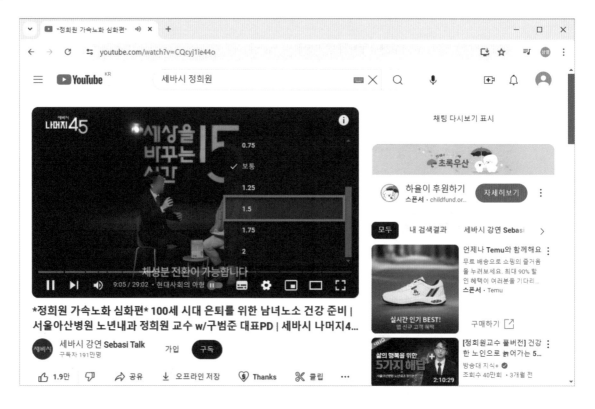

STEP 3 > 재생목록 활용하기

01 수많은 유튜브 영상들을 목록으로 구성하여 감상할 수 있습니다. ❶"고혈압 식단"을 검색한 후 ❷[필터]를 클릭하여 ❸[조회수] 필터링을 적용시킵니다.

02 제목이나 썸네일의 내용을 살펴본 후 보고 싶은 영상을 클릭합니다.

03 영상 아래에 있는 ❶점3개(더보기)를 클릭한 후 ❷[저장]을 클릭합니다. 이전 버전은 [재생목록 추가]가 좋아요 옆에 있었습니다.

04 처음 재생목록을 만들 때는 다음과 같이 동영상 저장하는 대화상자가 나옵니다. [새 재생목록 만들기]를 클릭합니다.

05 [이름]에 ❶"고혈압 식단"을 입력하고, [공개 범위 설정]에 ❷[공개]를 선택한 후 ❸[만들기]를 클릭합니다.

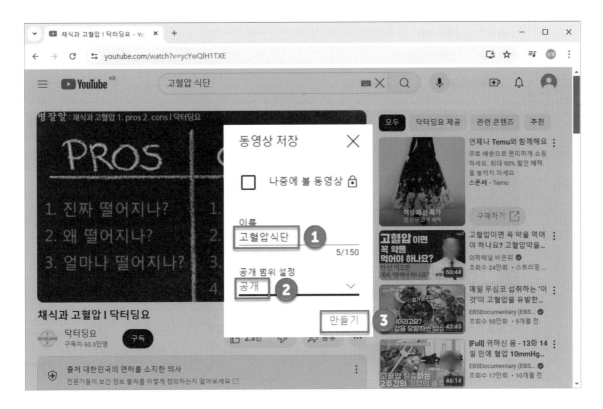

06 다른 영상을 찾아본 후에 작업해도 되지만, 시간관계상 오른쪽에 나온 **관련 영상** 중 하나를 클릭합니다.

07 해당 영상을 재생목록에 추가하기 위해 ❶점3개(더보기) ▶ ❷[저장]을 차례대로 클릭합니다.

08 이미 생성된 ❶[고혈압 식단]을 체크한 후 ❷[닫기]를 클릭합니다.

09 왼쪽의 유튜브 메뉴에서 ❶[재생목록]을 클릭한 후 만들어진 [고혈압 식단]을 클릭합니다.

10 오른쪽에 재생목록 순서가 보이게 됩니다.

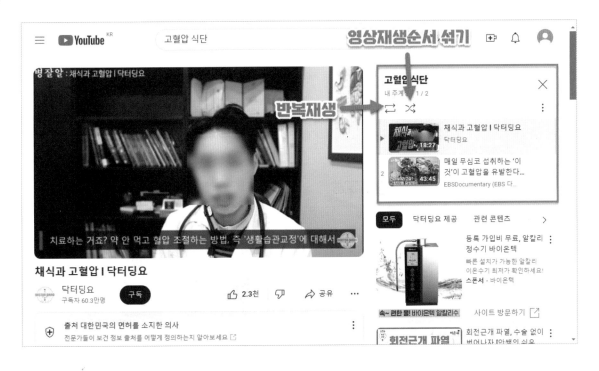

11 특정 영상을 재생목록에서 삭제하려면 영상 옆의 **①점3개(기타옵션)**을 클릭한 후 **②[재생목록에서 삭제]**를 클릭합니다.

12 재생목록 자체를 삭제하려면 화면 왼쪽의 유튜브 메뉴에서 **①[재생목록]**을 클릭하고 삭제하려는 재생목록의 **②점3개(기타옵션)** ▶ **③[삭제]**를 차례대로 클릭합니다.

STEP 4 ▶ 광고 없이 시청하기

01 크롬 브라우저에서 오른쪽 상단에 있는 ❶점3개(기타옵션) ▶ ❷[확장 프로그램] ▶ ❸[Chrome 웹 스토어 방문하기]를 차례대로 클릭합니다.

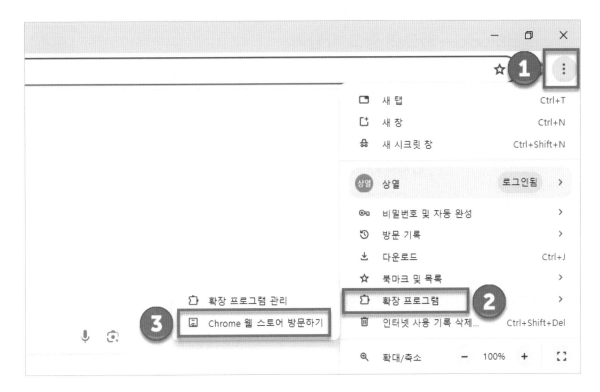

02 검색 상자에 **"adblock"**을 검색한 후, 아래와 같은 광고 차단기 링크를 클릭합니다.

03 [Chrome에 추가] 버튼을 클릭합니다.

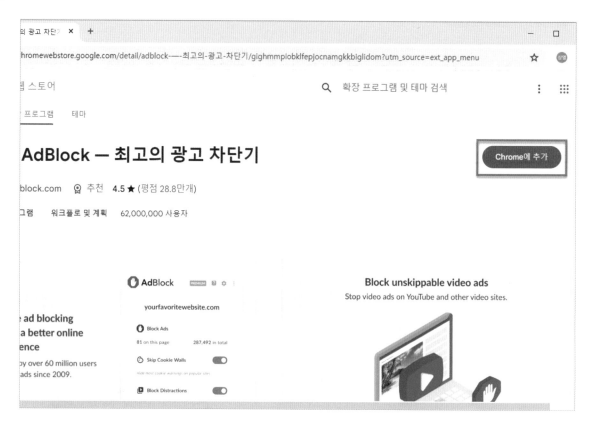

04 앱의 권한에 '모든 웹 사이트에 있는 전체 내 데이터 읽기 및 변경'이라고 되어있는데, 해당하는 앱이 살펴본다는 것으로 광고가 있으면 제거하고 보여준다는 의미로 보면 됩니다. **[확장 프로그램 추가]**를 클릭합니다.

05 주소표시줄 옆에 ❶[확장 프로그램] 버튼을 클릭한 후 ❷[고정] 버튼을 클릭해서
상단에 고정합니다.

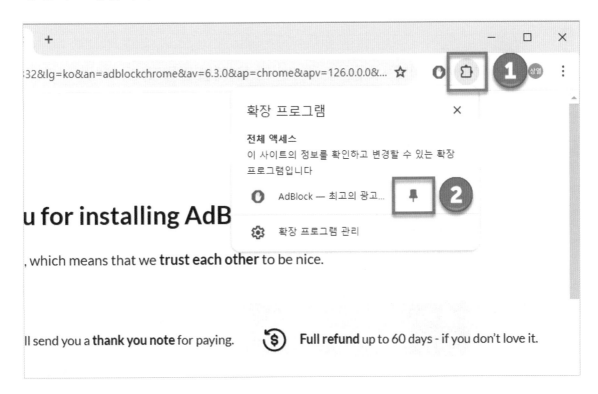

06 유튜브 영상을 시청하면 **차단된 광고 숫자가 표시**됩니다.

STEP 5 › 내 채널 만들기

01 내 채널이 있어야 다양한 유튜브 활동을 할 수 있으며, 기본적으로 [채팅]에 참여할 수 있습니다. ❶[프로필]을 클릭한 후 ❷[채널 만들기]를 클릭합니다.

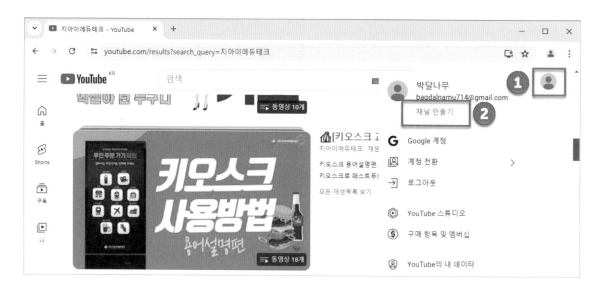

02 [이름]을 다른 것으로 변경하거나 [핸들]을 영어와 숫자로 변경해도 되지만, 이미 존재한다는 것이 많이 나오므로 여기서는 변경하지 말고 그냥 **[채널 만들기]**를 클릭합니다.

03 혹시 채널이 빨간 화면에 "Oops!!" 메시지가 나오면 F5키를 누릅니다(새로고침). 이제부터 여러분도 **유튜브 크리에이터**가 된 겁니다.

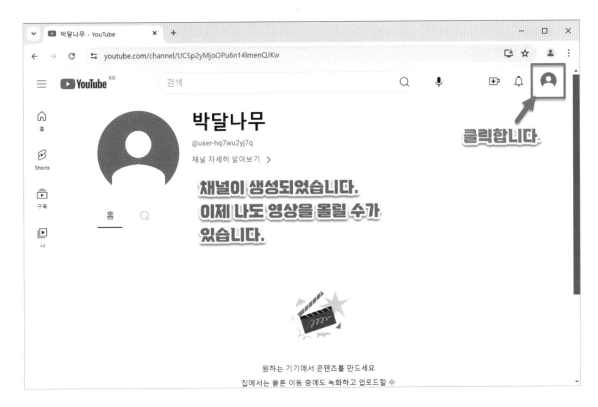

04 유튜브에서 [내 채널]로 이동하려면 **[프로필]**을 클릭한 후 **[내 채널 보기]**를 클릭하면 됩니다.

혼자서 연습하기

1 유튜브에서 **"역노화"**를 검색하고 **[올해]**에 업로드된 것을 **필터링**하세요.

2 **"장윤정"**을 검색하여 **재생목록 [장윤정]**을 만든 다음 마음에 드는 영상 **5개**를 보관해 보세요.

CHAPTER 07

웹 페이지 캡처하기

웹 검색을 하다가 필요한 내용을 복사하거나 저장을 하려고 하면 마우스 우클릭이 차단되어 복사가 불가능한 경우가 종종 있습니다. 여기에서는 웨일 브라우저의 자체 캡처 기능을 활용하는 방법에 대해 배웁니다.

결과화면 미리보기

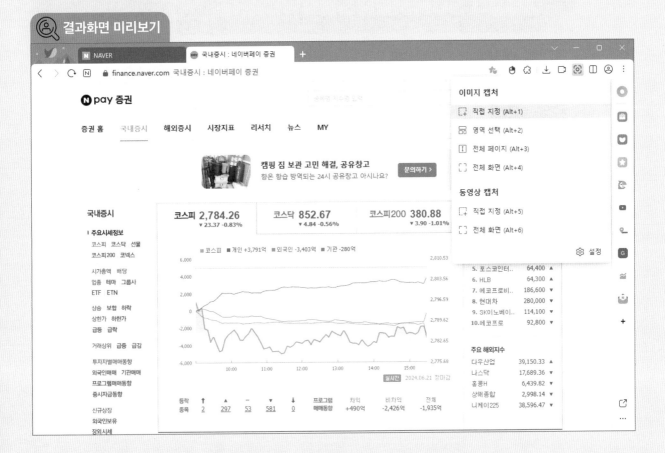

무엇을 배울까?

❶ 웨일 브라우저로 캡처하기
❷ 캡처하여 표시하기
❸ 전체 페이지 캡처하기
❹ 움짤로 캡처하기
❺ 우클릭 차단 해제 확장앱

01 웨일 브라우저를 실행한 후 [증권]을 클릭합니다.

02 ❶[국내증시]를 클릭한 후 상단의 ❷[화면캡처]를 클릭합니다. 웨일 브라우저에
는 [화면캡처] 도구가 내장되어 있습니다.

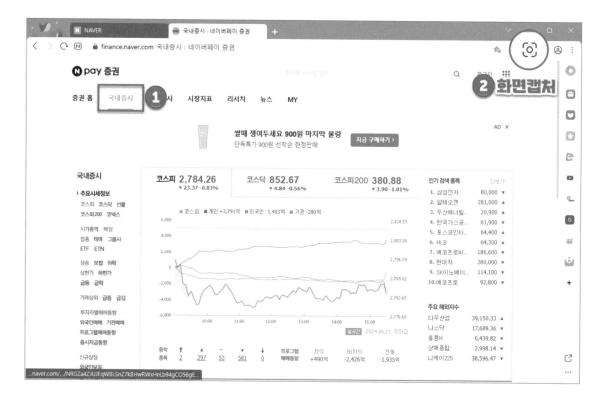

03 이미지 캡처 대화상자에서 **[직접 지정]**을 클릭합니다.

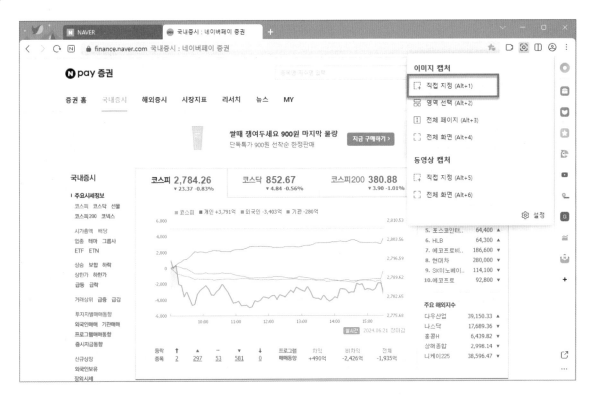

04 아래와 같이 대각선 방향으로 차트에 해당하는 **영역을 드래그**해서 필요한 부분을 캡처합니다.

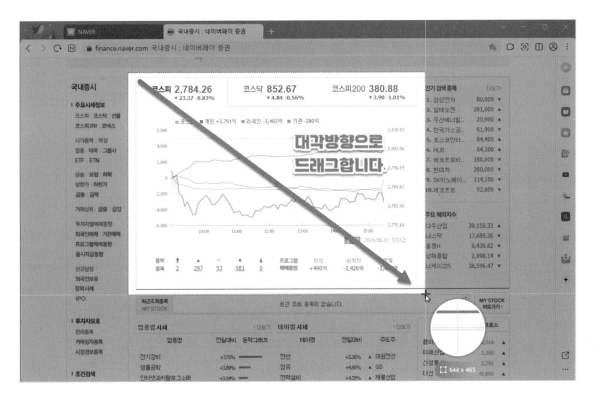

05 마우스에서 손가락을 놓는 순간 다음과 같이 캡처된 결과가 보입니다. 하단의
[복사]를 클릭하면 미리보기 화면이 닫힙니다.

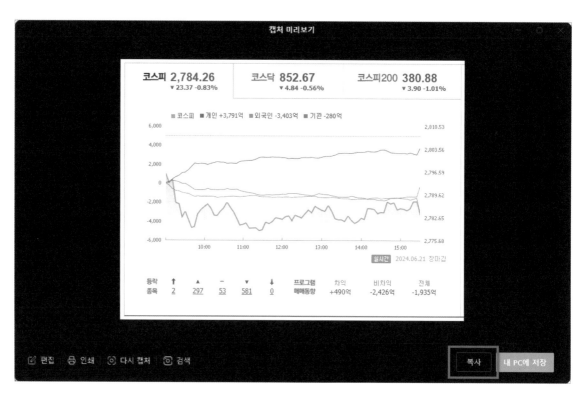

06 바탕화면에서 **[한글]** 앱을 실행한 후 **[붙이기]**를 합니다.

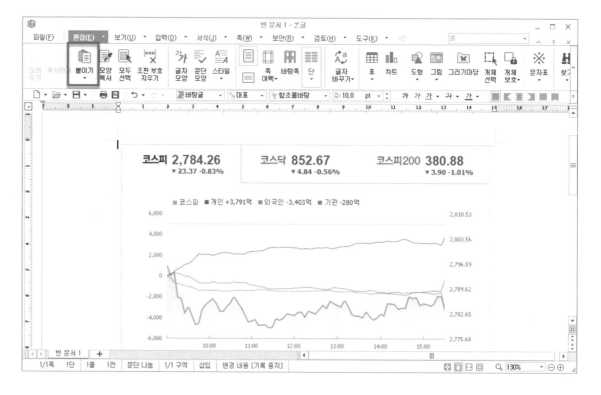

01 **웨일 브라우저**에서 **네이버**의 **[지도]**로 이동하여 ❶**[길찾기]** ▶ ❷**[도보]**를 클릭합니다.

02 출발지는 **[신도림역3번출구]**, 도착지는 **[맘든든센터 6호점]**으로 **[길찾기-큰길우선]**을 수행한 후, 아래처럼 ❶**[화면캡처]** ▶ ❷**[영역 선택]**을 클릭합니다.

03 **[지도] 안을 클릭**을 하면 해당 영역이 캡처가 됩니다. 캡처될 부분이 파란색으로 구분되어 표시됩니다.

04 캡처 미리보기에서 **[편집]**을 클릭하면 지도에 간단한 그림을 그리거나 텍스트를 입력할 수 있습니다.

05 상단 도구에서 ❶**[그리기]**를 눌러서 아래처럼 ❷**빨간색 연필 4px**로 그려줍니다.

06 ❶**[텍스트]**를 눌러서 입력할 위치를 클릭한 후 ❷**"다리를 건너지 말것!"**이라고 입력합니다.

07 **[편집 완료]**를 클릭해서 캡처 편집을 끝냅니다.

08 ❶**[내 PC에 저장]**을 클릭한 후, ❷**[다운로드]** 라이브러리에 파일이름은 ❸**"약도"**
를 입력하고 ❹**[저장]**을 클릭합니다.

01 한 화면의 양이 넘쳐서 스크롤바를 드래그해 살펴볼 수 있는 페이지도 한 장의 그림으로 캡처할 수 있습니다. **[뉴스]**를 클릭해서 ❶**[IT/과학]** ▶ ❷**[인터넷/SNS]**에서 원하는 기사를 클릭합니다.

02 ❶**[화면캡처]** ▶ ❷**[전체 페이지]**를 차례대로 클릭합니다.

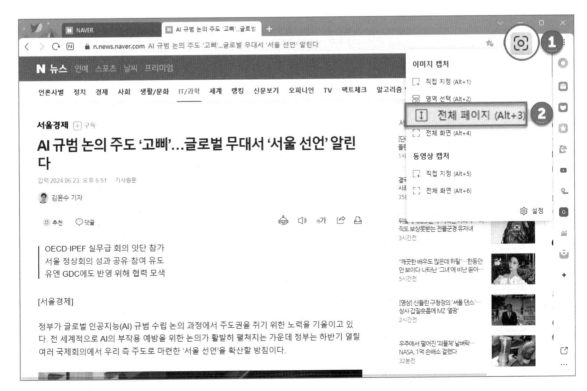

03 전체 페이지가 캡처됩니다. 필요없는 부분을 잘라내기 위해 **[편집]**을 클릭합니다.

04 ❶**[자르기]**를 선택한 후 ❷**[조절점]**을 필요한 영역까지 드래그한 다음 ❸**[편집 완료]**를 클릭합니다. 편집하기 화면에서 화면을 확대/축소하여 살펴볼 수도 있습니다.

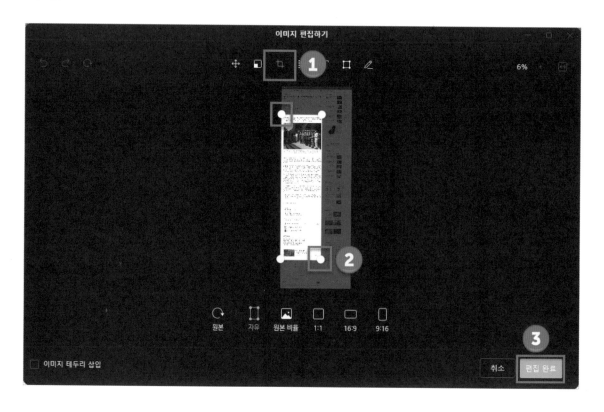

01 네이버 첫 화면에서 ❶[더보기] ▶ ❷[네이버TV]를 차례로 클릭합니다.

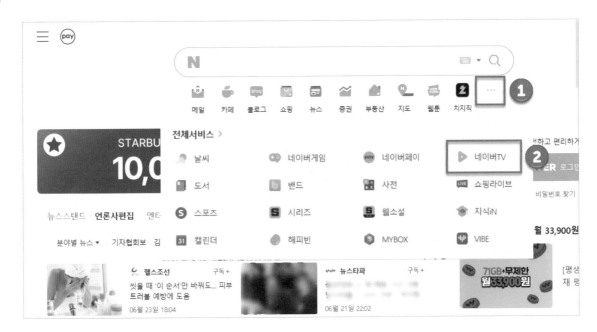

02 ❶"루이바오"를 입력한 후 ❷해당영상을 클릭하는데, 아무 영상이나 클릭해서 진행합니다.

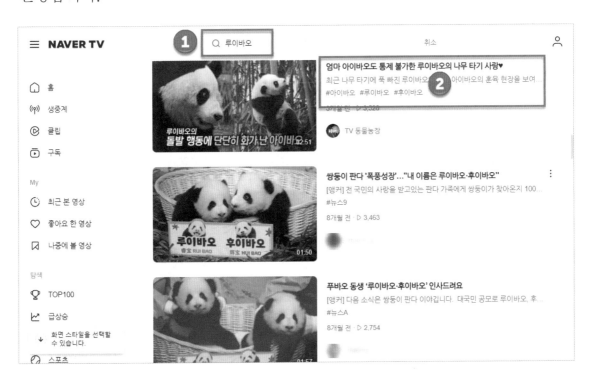

03 ❶[화면캡처]를 클릭한 후, **동영상 캡처**의 ❷[직접 지정]을 클릭한 다음 ❸영상에서 캡처할 영역을 드래그로 지정합니다.

04 [녹화] 버튼을 클릭하는 순간 녹화가 진행되며, 멈추지 않으면 10초간 녹화가 진행되고 멈추게 됩니다(이후 변경될 수 있습니다).

05 [내 PC에 저장]을 클릭해서 저장합니다. [동영상] 라이브러리에 파일 이름은 "**루이바오**"를 입력하고 [**저장**]을 클릭합니다.

06 파일 탐색기에서 [**동영상**] 라이브러리에 저장된 파일을 더블클릭해서 실행합니다.

STEP 5 ▸ 우클릭 차단 해제 확장앱

01 웨일 브라우저에서 ❶[기타 옵션]▶ ❷[확장앱] ▶ ❸[웨일 스토어]를 차례대로 클릭합니다.

02 검색 상자에 ❶"우클릭 차단"을 입력하고, 아래의 ❷[우클릭 차단 해제]에 마우스를 올려 놓은 후 ❸[추가하기]를 클릭합니다.

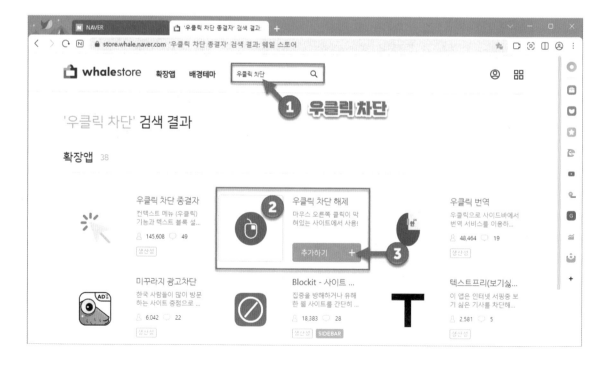

03 확장앱을 추가할 것인지 묻는 대화상자에서 **[추가]**를 클릭합니다.

04 네이버 웨일에 우클릭 차단 해제가 설치된 화면이 나타납니다.

05 ❶**[확장앱]** 버튼을 클릭하고 우클릭 차단 해제의 ❷**[고정]** 버튼을 눌러 항상 브라우저에 보이도록 합니다.

06 웨일 브라우저를 **다시 실행**한 후, **[블로그]** ▶ **"제주갈치"**를 검색해서 글자를 블록 설정을 못하도록 한 게시글로 이동하여 블록지정한 후 **[복사]**를 해보세요.

혼자서 연습하기

① 우리 동네 1~2억 투룸, 전세를 찾아서 **캡처**해 보세요.

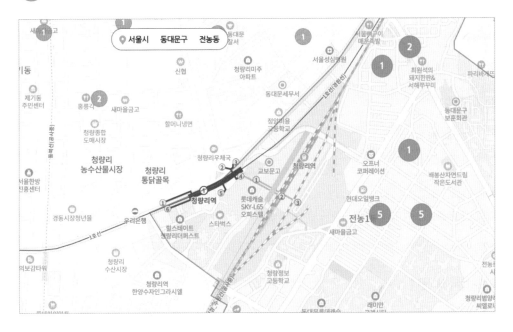

② 웨일로 유튜브에서 "장윤정 초혼"을 **움짤로 캡처**해 보세요.

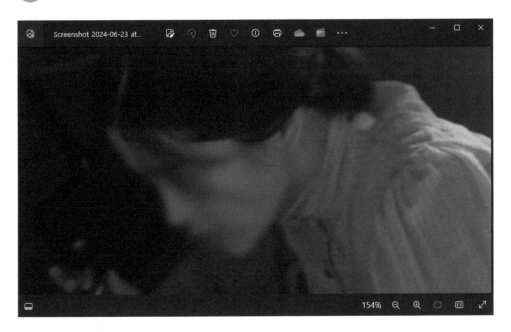

CHAPTER 08

QR코드 생성하기

QR코드를 이용하여 웹 페이지를 빠르게 연결할 수 있으며, 쇼핑 물품과 설명서 등도 연동하여 표시할 수 있습니다. 여기에서는 다양한 방법으로 QR코드를 생성하고 관리하는 방법에 대해 배웁니다.

 결과화면 미리보기

기본형   스킨형

간단하게 만들어 사용하는 기본형 QR코드입니다.
테두리 색과 이미지, 문구 등을 추가하여 QR코드를 꾸밀 수 있습니다.

OPTION 1   코드 스타일 선택

| 기본형 | 라운드형 | 원형 | 부드러운형 |

OPTION 2   스킨 스타일 선택

무엇을 배울까?

❶ 박람회 QR코드 만들기   ❹ QR코드 스캔하기
❷ 유튜브 QR코드 만들기   ❺ 네이버 QR코드 생성하기
❸ 부동산위치 QR코드 만들기

01 엣지 브라우저를 실행하고 ❶"서울국제정원박람회"를 찾아서 ❷링크를 클릭합니다.

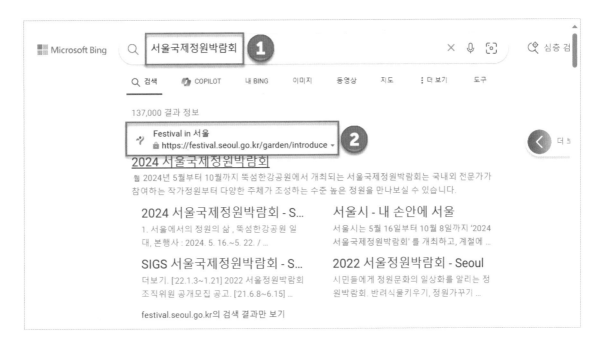

02 표시된 사이트 바탕에 ❶마우스 우클릭한 후 ❷[이 페이지에 대한 QR 코드 생성]을 선택합니다.

03 아래와 같이 QR코드가 생성되었으며 **[다운로드]**를 클릭하여 저장합니다.

04 **[내 PC]**나 **[파일 탐색기]**를 실행하여 **[다운로드]** 라이브러리를 열어보면 아래와 같이 생성된 QR코드가 보입니다.

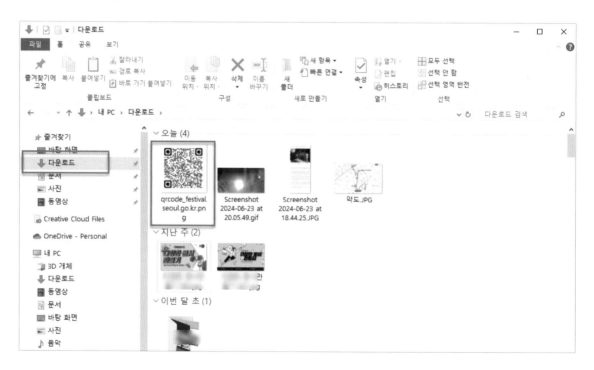

01 크롬 브라우저를 실행하고 [YouTube]에서 ❶"탄소중립"을 검색하여 ❷영상을 클릭합니다.

02 영상 재생되는 곳이 아닌 바탕에 ❶마우스 우클릭한 후 ❷[이 페이지의 QR 코드 생성]을 선택합니다.

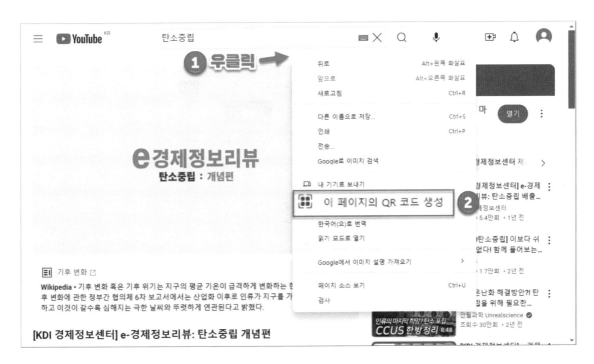

03 아래와 같이 QR코드가 생성되었으며 **[다운로드]**를 클릭하여 저장합니다.

04 **[내 PC]**나 **[파일 탐색기]**를 실행하여 **[다운로드]** 라이브러리를 열어보면 아래와 같이 생성된 QR코드가 보입니다.

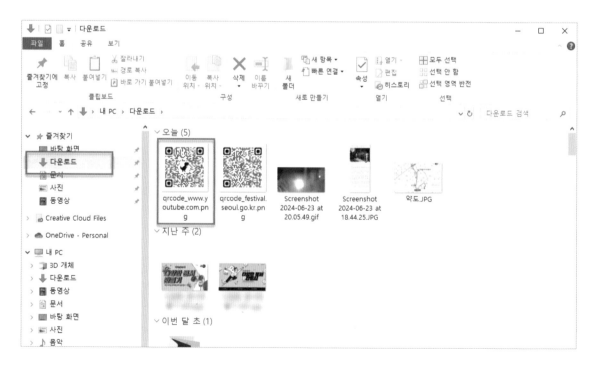

01 웨일 브라우저에서 [부동산] ▶ [매물]로 이동하여, **서울시 중구 남창동** 위치에 **아파트, 매매, 5억~7억**으로 검색합니다.

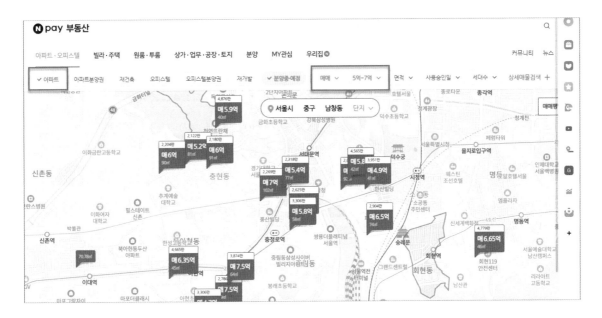

02 페이지 바탕에 ❶마우스 우클릭한 후 ❷[이 페이지의 QR 코드 생성]을 선택합니다.

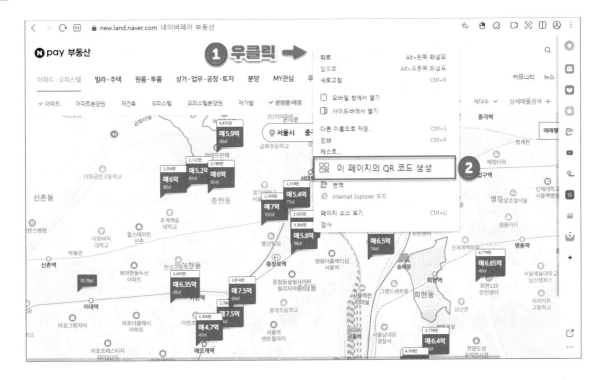

03 아래와 같이 QR코드가 생성되었으며 **[다운로드]**를 클릭하여 저장합니다.

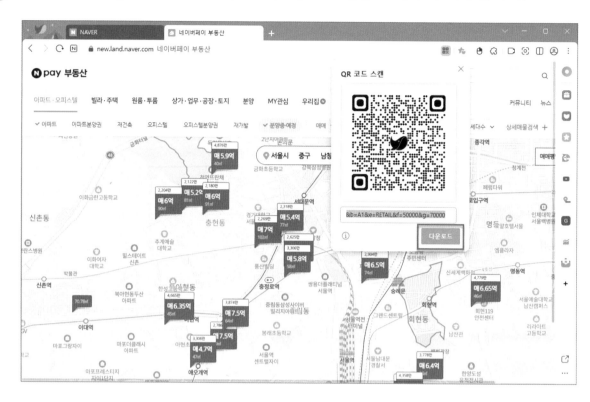

04 **[내 PC]**나 **[파일 탐색기]**를 실행하여 **[다운로드]** 라이브러리를 열어보면 아래와 같이 생성된 QR코드가 보입니다.

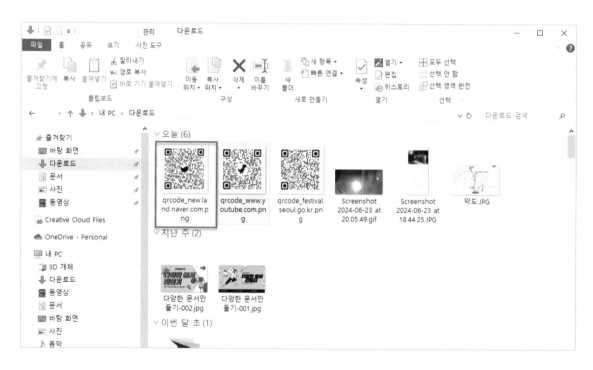

01 [파일 탐색기]에서 [다운로드] 라이브러리로 이동하여 앞에서 생성한 **QR코드**를 **더블클릭**해서 실행합니다.

02 스마트폰에서 **[네이버]** 앱을 실행한 후 검색 상자 오른쪽에 있는 **[그린 닷]**을 터치합니다.

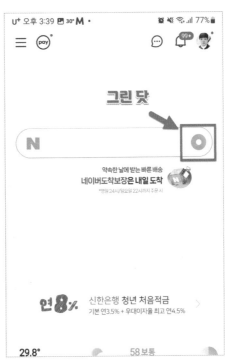

03 [QR바코드]를 터치한 후 카메라에 ❶QR코드를 **인식**시킨 다음 상단에 표시된 연결된 페이지 ❷[**네이버페이 부동산**]을 터치합니다.

04 아래와 같이 인식된 결과를 보여줍니다.

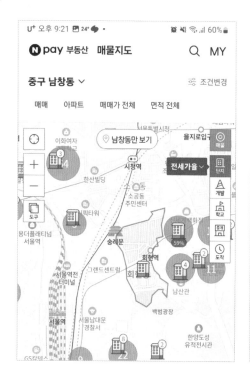

STEP 5 ▶ 네이버 QR코드 생성하기

01 웨일 브라우저를 실행한 후 **[네이버]**에 **[로그인]**을 합니다. 검색 상자에 **"네이버 QR코드"**를 검색한 후 링크를 클릭합니다.

02 **[코드 생성]** 버튼을 클릭합니다. 상단 버튼을 클릭해도 됩니다.

03 **코드 스타일 선택**에서 원하는 모양을 고르고, **스킨 스타일 선택**에서 원하는 색상을 고릅니다.

04 문구 컬러 선택은 하지 않아도 됩니다. 미리보기는 최대화에서는 오른쪽에 미리보기로 보이고, 최대화가 아닐 때만 보입니다. **[다음]**을 클릭합니다.

05 [URL 링크]가 선택되어 있는데 대부분 이것을 선택해서 웹페이지를 연결합니다. [다음]을 클릭합니다.

페이지 유형 선택

- ◉ URL 링크
- ○ 명함
- ○ 메뉴판
- ○ 초대장
- ○ 와이파이
- ○ 쿠폰
- ○ 안내문
- ○ 자체제작

초기화

작성 취소

클릭 다음 >

로그아웃 | 이용약관

06 [페이지 제목]은 필수이므로 **"강혜연 디스코영상"**을 입력합니다.

페이지 제목 ✱필수

강혜연 디스코영상   **필수입력사항**   9 / 20 자

최대 20글자까지만 입력이 가능합니다.

페이지 설명

설명글을 입력해주세요.

0 / 250 자

최대 250글자까지만 입력이 가능합니다.

웹사이트 링크

입력안해도 됨

제목

강혜연 디스코영상   9 /

최대 15글자까지만 입력이 가능합니다.

07 [새 탭]을 클릭해서 주소입력란에 ❶"youtube.com"을 입력하고 [Enter]를 누릅니다. 검색 상자에 ❷"강혜연 디스코"를 검색한 후 ❸영상을 클릭합니다.

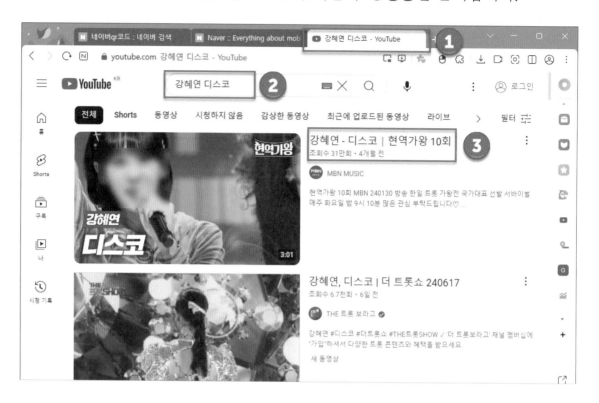

08 ❶영상에 우클릭해서 ❷[동영상 URL 복사]를 선택합니다.

09 앞 탭의 QR코드 생성페이지를 클릭하여, URL 링크 칸에 ❶[붙여넣기]를 한 다음 ❷[링크첨부]를 클릭한 후 ❸[다음]을 클릭합니다.

10 아래와 같이 QR코드가 생성되면 [코드 저장]을 클릭합니다.

11 저장할 파일형식은 **[JPG]**로 선택하고, 크기
는 가급적 **제일 큰 사이즈**로 선택합니다. **[저
장]** 버튼을 클릭합니다.

12 **[파일 탐색기]**에서 **[다운로드]** 라이브러리로 이동하여 생성된 QR코드 파일을 더
블클릭해서 열어본 후, 스마트폰 네이버 앱에서 **QR코드를 인식**해 보세요.

혼자서 연습하기

1 네이버 QR코드를 이용하여 명함을 QR코드로 만들어 보세요(페이지 유형을 '명함'으로 선택).

지아이에듀테크

명함

오상열

핸드폰 010-1234-5678
전화번호 02-3456-9383
FAX 050-4428-7139
회사 070-1234-5678
이메일 dangun2017@naver.com
홈페이지 https://giedutech.com
우편번호 02709
서울특별시 성북구 정릉동
주소 685-27 서울특별시 성북구 솔샘로6가길 57 (정릉동)

2 앞 과정에서 만들었던 [강혜연 디스코]의 유튜브 영상을 다른 것으로 교체해서, 올바르게 재생되도록 URL 링크를 수정해 보세요.

CHAPTER 09

무료 화상교육 웨일온

네이버 웨일온은 비대면 교육과 화상회의를 할 때 사용하는 무료 프로그램입니다. 멀리 떨어져 있는 가족들과 회의도 하며, 명절날 온라인으로 차례도 지낼 수 있으니 알아두면 유용하게 사용할 수 있는 좋은 기능입니다.

🔍 결과화면 미리보기

무엇을 배울까?

❶ 웨일에 로그인하기
❷ 회의 참여하기
❸ 회의 만들기

❹ 화면 공유하기
❺ 웨일 로그아웃하기

🎯 웨일온은?

네이버 웨일온은 별도의 애플리케이션을 설치할 필요 없이 네이버 웨일 브라우저만 있다면 바로 사용할 수 있는 온라인 화상회의 서비스입니다.

많은 회사, 학교, 학생, 일반 사용자들은 ZOOM과 Teams 위주로 화상회의 서비스를 많이 이용하고 있는데, 국내에서는 네이버 웨일을 많이 사용하므로 손쉽게 웨일온을 이용해 화상회의를 진행할 수 있습니다.

ZOOM은 호스트가 개최하는 무료 화상회의 시간이 40분으로 제한되어있어서 소모임으로 화상회의를 이용하는 경우 40분마다 다시 재입장을 해야 합니다. 하지만, 웨일온은 무제한이라 제한시간 걱정할 것 없이 사용할 수 있는 진정한 무료 화상회의 앱입니다.

전체적인 사용방법은 ZOOM과 거의 흡사하여 단순하고 직관적이며 사용하기도 쉽습니다.

웨일온 화상회의는 하나의 회의에 최대 500명까지 참가할 수 있습니다. 컴퓨터 모니터 해상도에 따라 최대 49명까지 한 화면에 표시되며, 한 화면에 표시할 수 있는 인원보다 더 많은 참가자가 회의에 참여 중인 경우, 페이지를 이동해 다른 참가자의 영상을 확인할 수 있습니다.

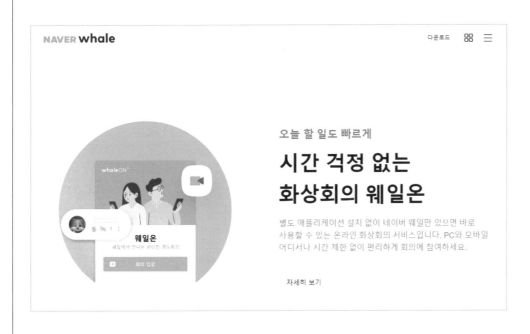

네이버 웨일온 화상회의의 장점은 다음과 같습니다.
- 무료 사용
- 시간 제약 없이 무료 사용 가능
- 화상회의 하나에 최대 500명 참가 가능
- 웨일 브라우저에 로그인하면 전용 회의 URL 제공
- 초대 정보를 빠르고 쉽게 전달

01 웨일 브라우저 오른쪽 상단 ❶[프로필]을 클릭한 후 ❷[네이버 웨일 로그인]을 클릭합니다.

02 네이버 아이디, 비밀번호를 입력하고 **[로그인]**을 클릭합니다.

03 기존에 열려 있었던 브라우저 창을 닫아주기 위해 **[창 닫기]**를 클릭합니다.

04 교육장처럼 여러 사람이 사용하는 컴퓨터라면 **[공용 PC로 설정]**에 체크를 합니다.

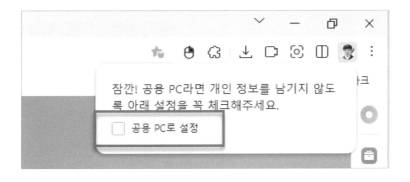

05 로그인이 끝났으면 **[웨일온]**을 클릭합니다.

01 개설된 회의(교육)에 참여하려면 **[회의 참여]**를 클릭합니다.

02 미리 알려준 **[회의 ID]** 10자리를 입력하고 **[비밀번호]** 6자리를 입력한 후 **[입장]** 을 클릭합니다. **(아래는 샘플이므로 제공된 번호 입력)**

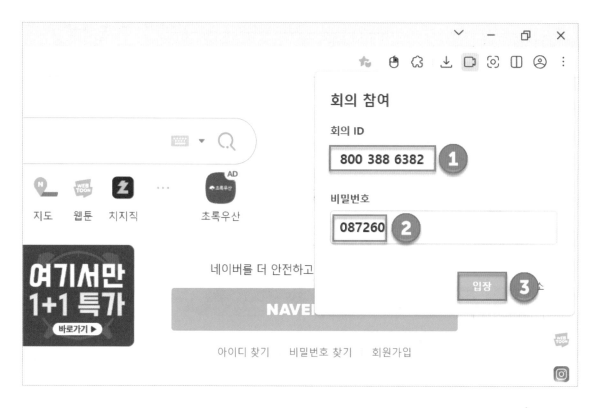

03 웹캠이 있으면 본인 얼굴이 보이는데, [카메라]와 [마이크]를 그림처럼 켜고 끌 수 있습니다. ❶[대화명]이 자동으로 입력되었으나, 본인 대화명을 바꿔서 입력하고 ❷[회의 입장]을 클릭합니다.

04 회의를 참여하면 아래와 같이 나오기 시작합니다. 마이크는 꺼놓은 **Off 상태**에서 사용하세요.

05 회의에 참여하면 [리액션]으로 인사도 해봅니다.

06 회의 개설자가 본인의 [화면 공유]를 한 상태로 보여주는 장면입니다. 회의가 끝 나면 [나가기]를 누릅니다.

STEP 3 ▸ 회의 만들기

01 [웨일온]에서 **[회의 시작]**을 클릭합니다.

02 **[회의명]**을 입력한 후 **[시작]**을 클릭합니다.

03 회의에 사용할 이름과 가상 배경 등을 변경
한 후 **[회의 입장]**을 클릭합니다.

04 회의ID와 비밀번호를 카카오톡, 이메일 등으로 알려주거나 링크를 공유해서 알
려주면 참가자는 링크를 눌러 바로 입장할 수 있습니다.

05 회의 참석자들이 보이면, 발언하려는 **참가자를 더블클릭**합니다.

06 발언자는 본인의 화면에서 마이크를 켭니다. 화면 하단의 마이크는 [개설자] 마이크입니다.

07 [보기 방식]을 [타일 보기]로 다시 변경해 봅니다.

08 [참가자]를 클릭하면 오른쪽으로 참가자 목록이 나옵니다. 여기서 카메라와 마이크를 켜고, 끌 수 있습니다.

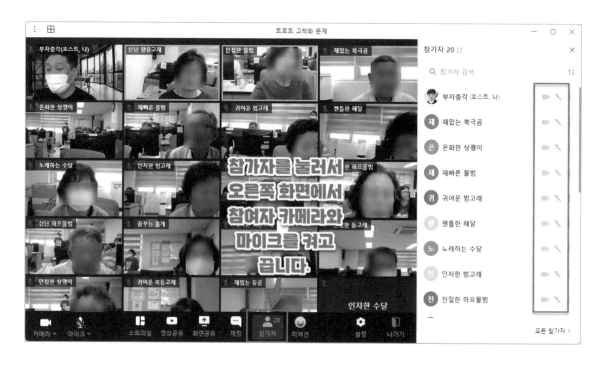

09 참가자 명단의 **[기타옵션]**을 클릭해서, 카메라 *끄기*, 마이크 사용요청 등을 할 수 있으며, 특정 참가자를 **[내보내기]**로 강제 퇴장할 수도 있습니다.

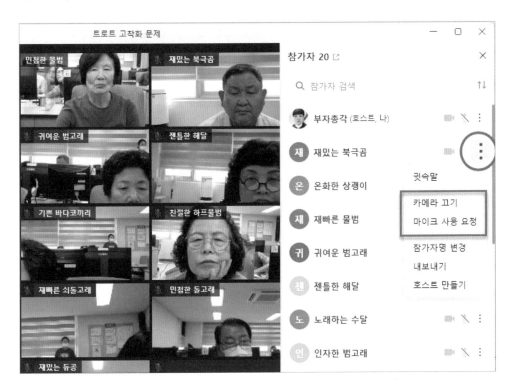

10 **[채팅]**을 클릭하면 오른쪽에 채팅창이 나오는데 특정 참가자를 선택하면 1:1 채팅을 할 수 있고, [모두에게]를 누르면 모든 참가자에게 메시지가 전달됩니다.

STEP 4 > 화면 공유하기

01 모니터에 보이는 내용을 다른 참가자에게 보여주려면 **[화면공유]**를 클릭합니다.

02 보여 줄 ❶**화면/앱**을 선택하고, ❷을 모두 켠 후 ❸**[공유]**합니다.

03 공유하려는 내용을 열어줍니다. 여기서는 단순하게 유튜브 화면을 열어서 보여주고 있습니다.

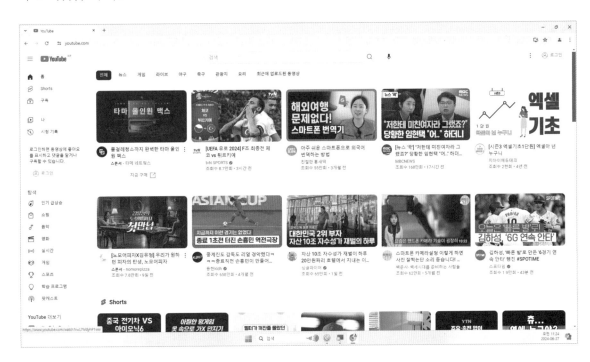

04 참가자에게 보여줄 것이 끝났으면 공유를 종료해야 합니다. 아래와 같은 대화상자에서 **[중지]**를 클릭한 후 **[확인]**을 누릅니다.

STEP 5 ▸ 웨일 로그아웃하기

01 웨일 브라우저에 로그인하는 것과 네이버 웹사이트에 로그인하는 것은 다릅니다. 브라우저에 로그인을 한다는 것은 브라우저를 닫아도 로그아웃이 안되고, 컴퓨터를 재부팅해도 로그인 상태라는 것입니다. 오른쪽 상단에 **[프로필]**을 클릭한 후 **[로그아웃]**을 클릭합니다.

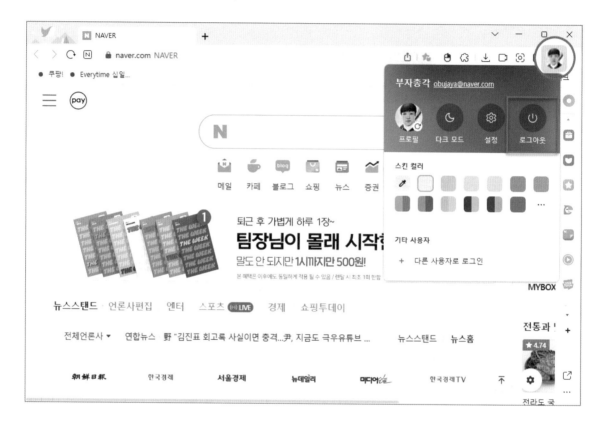

02 **공동으로 사용하는 컴퓨터**였다면 [이 기기에 저장된 북마크, 비밀번호, 방문 기록 등 데이터 삭제]를 **체크한 후 [로그아웃]**을 누릅니다. 개인 혼자 사용하는 컴퓨터라면 체크하지 않아도 됩니다.

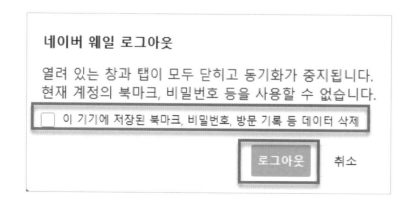

03 ❶[기타옵션]을 클릭한 후 ❷[설정]을 열어줍니다.

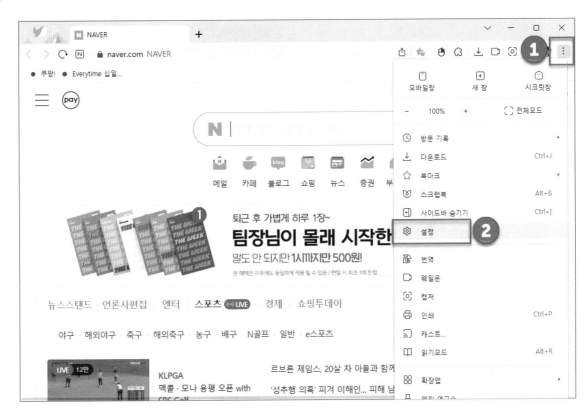

04 웨일 브라우저에 로그인을 할 때 공용 PC를 체크했다면 ❸[개인정보 보호]를 선택하고 ❹[공용PC로 설정]을 꺼줍니다. 이렇게 해야 개인적인 설정 작업을 포함 브라우저를 정상적으로 사용할 수 있습니다.

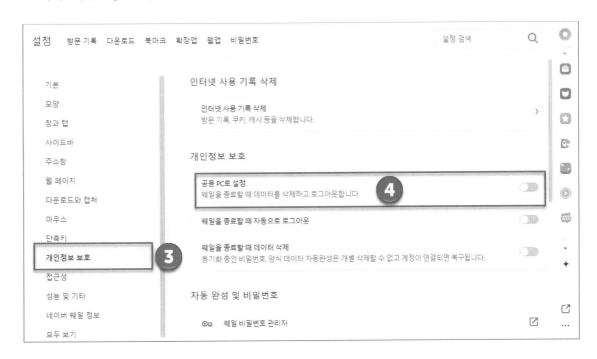

혼자서 연습하기

① 회의를 개설하여, 채팅창에서 수업자료를 배포해 보세요.

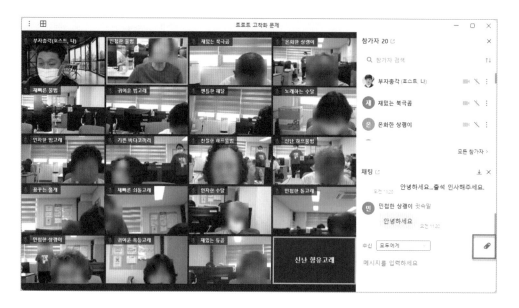

② 배포된 첨부파일을 다운로드해 보세요.

코파일럿 AI 사용하기

코파일럿은 마이크로소프트의 인공지능 서비스로, 생성형 인공지능의 대명사 ChatGPT의 무료 버전으로 알려졌습니다. 코파일럿을 이용하여 상상만 했던 AI 이미지를 무료로 만드는 새로운 세상을 경험해 보세요.

🔍 결과화면 미리보기

Designer

요청하신 강아지와 팬더곰이 어깨동무하고 가는 만화풍의 그림을 완성했습니다. 곧 보실 수 있습니다! 😊

👍 👎 📋 ⬇ ↪ 🔊   ● 1 / 30

"강아지와 팬더곰이 어깨동무하고 가는 만화풍의 그림"

무엇을 배울까?

❶ 마이크로소프트 계정 만들기
❷ 코파일럿 사용하기
❸ 이미지 생성하기

01 **코파일럿**을 사용하려면 엣지 브라우저를 이용해야 하며, 마이크로소프트 계정이 있어야만 실행할 수 있습니다. **엣지 브라우저**를 실행하고 상단의 **로그인**을 클릭합니다.

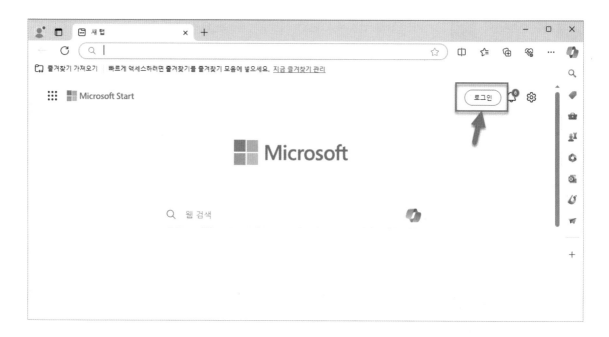

02 **[로그인하여 데이터 동기화]**를 클릭합니다. 엣지 브라우저에 로그인하면 자동으로 다른 PC에 로그인한 것과 동기화가 작동됩니다.

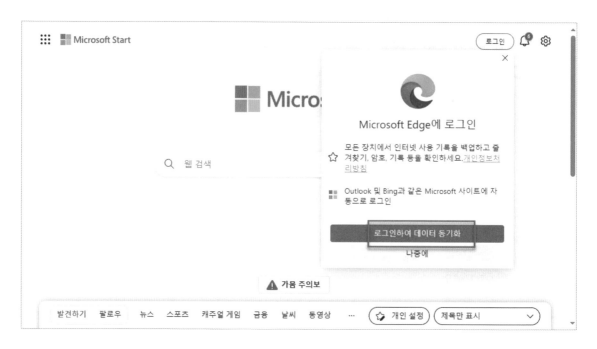

03 계정이 없으면 아래 그림에 표시된 **[전자 메일, Gmail 또는 휴대폰으로 만들세요]**
을 클릭합니다. 동의하는 곳의 **[자세히]**를 클릭합니다.

04 **[뒤로]** 버튼을 클릭하면 동의함에 체크가 됩니다. 아래에 있는 **[자세히]**를 클릭
하고 **[뒤로]**를 다시 눌러서, 둘 다 체크를 하고 **[동의]**를 클릭합니다.

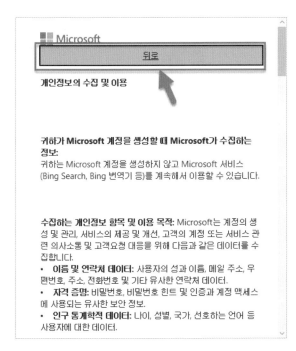

05 마이크로소프트 계정을 새로 받기 위해 **[새 전자메일 주소 받기]**를 클릭합니다.

06 **영어와 숫자**를 이용해서 계정 아이디를 입력한 후 **[다음]**을 클릭합니다. 기본적으로 @ 뒤는 "outlook.kr"을 사용하게 되는데, 가급적 변경하지 않도록 합니다.

🎯 **이미 등록된 계정이라면?**

계정 만들기 대화상자에 **"이미 등록된 Microsoft계정입니다. 다른 이름을 시도하거나 사용 가능한 다음 계정 중 하나를 사용하세요."** 로 나오면 다른 계정을 다시 입력해서 만들어야 합니다.

07 암호를 ❶영어소문자, 숫자, 특수문자를 결합해서 입력합니다. 다른 사이트와는 다르게 암호 만들기를 1회만 물어보니 대문자를 입력하지 않도록 주의하세요. ❷[동의하고 계정 만들기]를 클릭합니다.

08 ❶성과 이름을 입력하고 ❷[다음]을 클릭합니다. 본명을 입력하지 않고 별명을 입력해도 됩니다.

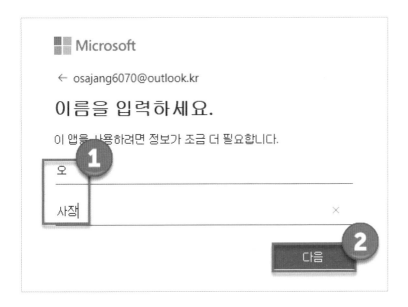

09 **생년월일**을 입력합니다. 생년은 4자리로, 월과 일은 눌러서 해당하는 날짜를 선택하면 되는데, 여기도 본인의 정확한 생일을 입력하지 않아도 됩니다. **[다음]**을 클릭합니다.

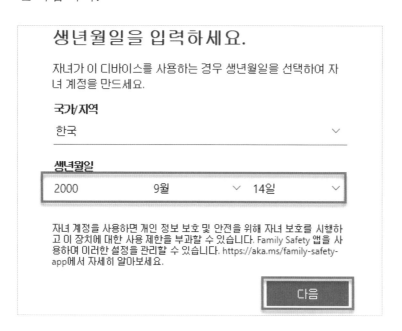

10 지금 가입하는 사람이 로봇이 아닌 걸 알 수 있도록 퍼즐을 풀어야 한다는 메시지가 나옵니다. **[다음]**을 클릭합니다.

11 **왼쪽의 손가락**이 가리키는 곳으로 오른쪽 그림의 머리 부분이 향하도록 아래의 화살표를 이용해서 맞춘 후 **[제출하십시오]**를 클릭합니다. 틀리면 몇 차례 더 물어보게 됩니다.

12 아래의 메시지를 읽어보면 윈도우가 방금 만든 계정을 저장해서 사용하겠다는 메시지입니다. 이후에 윈도우에 저장된 계정 삭제에 대한 내용도 배울 것이므로, 여기에서는 그냥 **[다음]**을 클릭합니다.

13 엣지 브라우저의 홈페이지가 다시 나오면서 **자동으로 로그인**이 되어서 **[로그인] 버튼이 보이지 않습니다.**

14 지금부터가 **중요**한데 엣지 브라우저의 창을 닫고 나가거나, 컴퓨터를 껐다가 켜도 **로그인 상태로 그대로 유지**하게 됩니다. 그래서 반드시 로그아웃을 해야만 합니다. 로그아웃을 하려면 엣지의 ❶**[기타옵션]**을 클릭한 후 ❷**[설정]**을 들어갑니다.

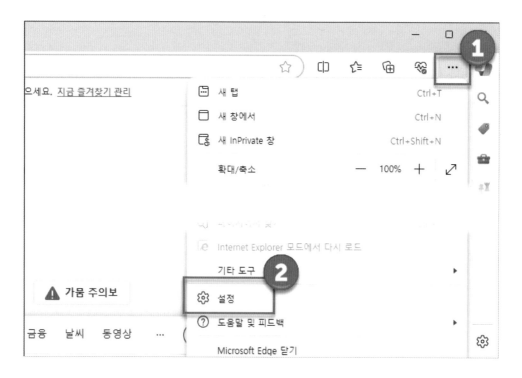

15 **설정** 탭이 열리면서 처음에 보이는 **프로필** 화면에서 **[로그아웃]**을 클릭합니다.

🔔 주의해야 합니다

엣지에 로그인을 하게 되면 **윈도우10, 윈도우11**은 윈도우에서 **로그인이 자동으로 진행**되도록 설정되어 있습니다. 공용 컴퓨터에서는 반드시 아래와 같은 방법으로 사용해야 합니다.

01 엣지 브라우저의 **설정**에서 **로그아웃**을 한 후 엣지를 닫아줍니다.

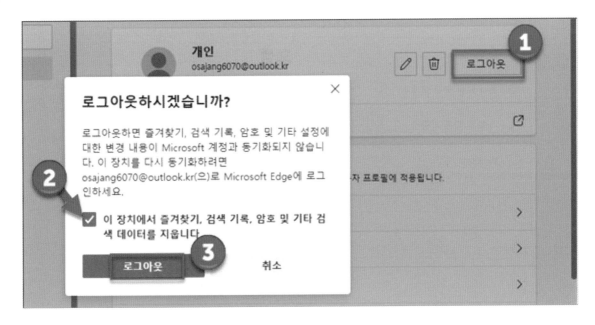

02 윈도우에서 [시작] ▶ [설정] ▶ [계정]을 차례대로 클릭합니다.

03 아래와 같이 ❶[사용자 정보] ▶ ❷[모든 Microsoft 앱에 자동으로 로그인 중지]
를 클릭합니다.

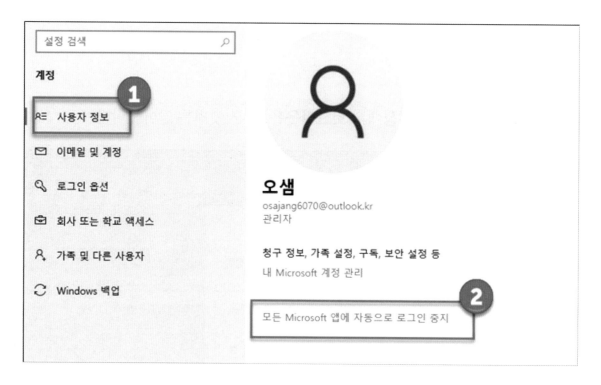

04 ❸[이메일 및 계정]을 클릭한 후 ❹[본인의 계정]을 클릭하면 관리와 제거가 보이
는데 ❺[제거]를 클릭합니다. 제거하려고 묻는 상자가 나오면 [예]를 눌러서 제거
합니다.

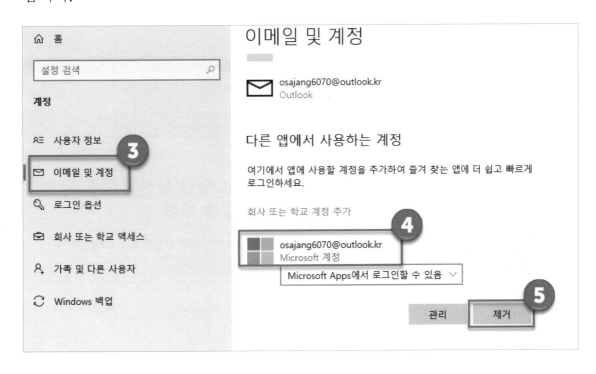

STEP 2 ▸ 코파일럿 사용하기

01 엣지 브라우저에서 검색 상자 우측의 **Copilot(코파일럿)**을 클릭합니다.

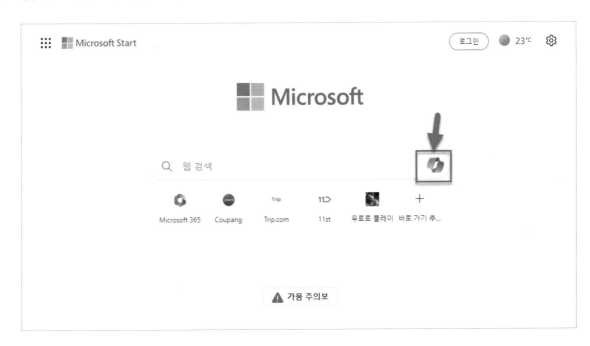

02 **로그인을 하지 않으면** 아래와 같은 **Bing채팅을 사용할 수 없음**이라는 경고창이 나오게 됩니다. 유해 정보 차단하는 것이 아니라, 단순하게 로그인만 하면 해결 되는 문제입니다. 창을 닫고 다시 마이크로소프트 탭 화면에서 **로그인을 하고 진 행**합니다.

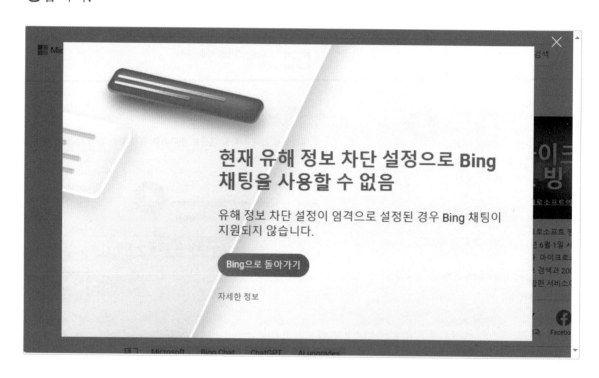

03 아래처럼 가입했던 마이크로소프트 계정을 입력하는데 @outlook.kr까지 반드시 입력하고 **[로그인]**을 클릭합니다.

04 암호 입력창이 나오면 계정을 정상적으로 입력을 했다는 의미가 됩니다. 암호는 잊지 않게 메모하거나 잘 기억해 두세요. **[로그인]**을 클릭합니다.

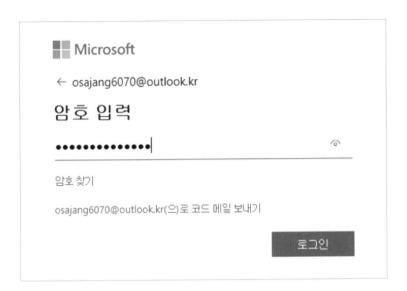

05 **Microsoft 앱만**을 클릭하면 **윈도우 계정**에서 자동 로그인을 하지 않지만 회사 또는 학교 계정에는 추가되어 있어서 **제거**해야 합니다.

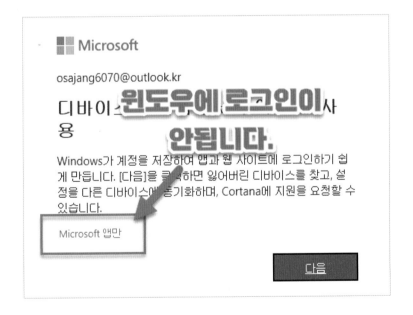

06 Copilot이 실행되었으며, **프롬프트에 질문을 입력**하면 됩니다. ChatGPT 사이트에서 유료로 사용하던 것을 **코파일럿에서는 무료**로 사용할 수 있습니다.

07 코파일럿은 달리3을 이용해서 이미지도 생성을 할 수 있습니다. **"푸른 초원에 어린 사자들이 즐겁게 놀고 있는 것을 만화로 그려줘."** 라고 프롬프트에 입력하고 Enter 를 누르거나 [제출]을 클릭합니다.

08 이제부터 재미있고 즐겁게 코파일럿을 이용한 ChatGPT 생성하기를 해보세요. 최대 질문은 30개까지 계속해서 이어서 질문할 수 있습니다. 그 이상은 새로운 토픽을 눌러서 다시 질문해야 합니다.

STEP 3 · 이미지 생성하기

01 프롬프트에 **"귀여운 햄버거 캐릭터를 미니멀 디자인으로 만들어줘."** 라고 입력하면 이미지가 생성되고 있는 화면이 나오고 잠시 후 4개의 이미지가 생성됩니다.

4개의 생성된 이미지 중 마음에 드는 하나를 클릭한 후 **[다운로드]**를 눌러 파일로 저장할 수 있습니다.

02 새 토픽을 누른 후, 프롬프트 창에 **"배경은 눈이 내린 산이 있고 집앞의 마당에는 푸른 잔디에서 귀여운 강아지가 뛰어 다니는 진짜 사진 같은 이미지를 만들어줘."** 를 입력합니다.

"배경은 눈이 내린 산이 있고 집앞의 마당에는 푸른 잔디에서 귀여… "

03 (새 토픽으로 질문하기) → **"책상에 앉아서 일하고 있는 귀여운 남자 직장인 캐릭터를 일러스트로 만들어줘."** 를 입력합니다.

"귀여운 남자 직장인 캐릭터를 일러스트로 만들어줘."

04 (추가질문으로 변경하기) → "**인종은 모두 한국인으로, 배경은 흰색으로 깔끔하게 해줘.**"를 추가로 입력합니다.

"귀여운 남자 직장인 캐릭터를 일러스트로 만들어줘."

05 (새 토픽으로 질문하기) → "**책상에 앉아서 일하고 있는 남자 직장인 캐릭터를 실제 사진과 같이 만들어줘.**"를 입력합니다.

"책상에 앉아서 일하고 있는 남자 직장인 캐릭터를 실제 사진과 같... "

06 (추가질문으로 변경하기) → "위의 이미지에서 한국인으로 바꿔주고, 수염이 없는 (있는) 얼굴로 해줘."를 추가로 입력합니다.

"책상에 앉아서 일하고 있는 남자 직장인 캐릭터를 실제 사진과 같..."

Designer   DALL·E 3에서 구동

07 (새 토픽으로 질문하기) → "높은 빌딩들 사이로 걷고 있는 노란색의 긴 머리를 하고 있는 비즈니스 여성이고, 입고 있는 프렌치코트에 선글라스를 착용한 실제 사진으로 만들어줘."를 입력합니다.

"높은 빌딩들 사이로 걷고 있는 노란색의 긴 머리를 하고 있는 비즈..."

Designer   DALL·E 3에서 구동

혼자서 연습하기

① **코파일럿**에서 웹사이트 주소를 입력하고 해당 사이트의 내용을 요약해달라는 내용으로 입력해 보세요.

네이버 블로그에서 주제별로 이동한 후, [엔터테인먼트 예술]에서 아무제목을 클릭해서 블로그 주소를 복사한 후, 프롬프트에 붙여넣기를 한 후, "이 사이트의 내용을 요약해줘"라고 입력합니다.

👤 나

https://blog.naver.com/moviemew/223443145497 이 사이트의 내용을 요약해줘.

⊘ Copilot

✓ 답변 생성 중...

네, 해당 블로그 글을 요약해드리겠습니다. 이 블로그 글은 "영화 서울의 봄"에 대한 후기와 이태신(정우성 역)의 실제 인물 장태완에 관한 내용을 다루고 있습니다 [1].

영화 "서울의 봄"은 1979년 12월 12일 반란을 일으킨 사건을 배경으로 하며, 주요 인물들의 이야기를 그린 작품입니다. 이 중에서 이태신과의 팽팽한 대립이 시작되는데, 이태신은 반란을 일으키는 주요 인물로 나타납니다. 이태신은 군 내 사조직인 하나회에 소속되어 있는데, 전두광과 노태건(박해준)은 하나회의 주요 인물들을 좌천시키려고 합니다. 이에 맞서 이태신과의 대립이 시작되었습니다 [2].

더 자세한 내용은 해당 블로그 글을 참고하시면 될 것 같습니다. 😊

1 naver.com   2 blog.naver.com   3 blog.naver.com

👍 💬 🗐 ↓ 🔗 🔊   ● 1 / 30

---

② **(추가질문으로 변경하기) →** "글머리글 기호로 짧게 요약해줘."

⊘ Copilot

✓ 답변 생성 중...

물론입니다! 해당 블로그 글을 간단히 요약해드리겠습니다.

- "영화 서울의 봄"은 1979년 반란 사건을 배경으로 하며 주요 인물들의 이야기를 그린 작품입니다.
- 이태신(정우성 역)과 전두광, 노태건(박해준)의 대립이 시작되는데, 이태신은 군 내 사조직인 하나회에 소속되어 있습니다.

더 자세한 내용은 해당 블로그 글을 참고하시면 될 것 같습니다. 😊

👍 💬 🗐 ↓ 🔗 🔊   ● 2 / 30

부록

비밀번호 변경과 본인 인증하기

STEP **1** 구글 비밀번호 변경

01 **크롬 브라우저**에서 [로그인]을 클릭합니다.

02 ❶[Gmail 계정]을 입력한 후 ❷[다음]을 클릭합니다. 계정이 기억나지 않으면 스마트폰 [Play 스토어]에서 오른쪽 상단의 계정을 터치해 보세요.

03 본인 계정을 정확하게 입력했다면 다음 그림과 같이 [비밀번호 입력] 창이 나타
날 것입니다. 비밀번호를 잊어버렸다면 **[비밀번호 찾기]**를 클릭해서 본인 인증을
받은 후 비밀번호를 다른 것으로 변경할 수 있습니다.

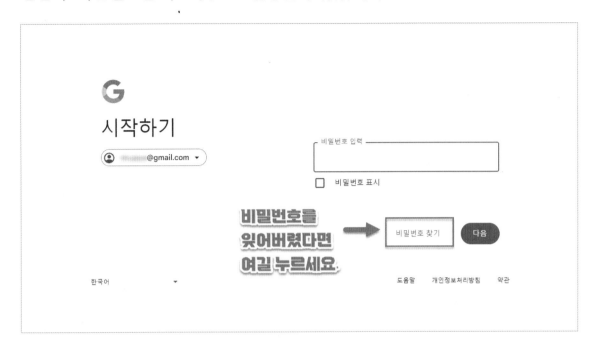

04 계정 복구하려는 창으로 변경되는데, 현재 스마트폰을 가지고 있다면 **[예]**를 클
릭한 다음 스마트폰을 열어서 본인 인증창을 확인합니다.

05 계정 복구를 시도하는 사람이 본인인가요? 라는 스마트폰의 메시지 창에서 **[예,
본인이 맞습니다]**를 누릅니다.

06 **[비밀번호 업데이트]**를 클릭해서 변경할 수 있는 화면으로 넘어가도록 합니다.

07 비밀번호를 새롭게 생성하는데 규칙은 영어, 숫자, 특수문자 3가지를 섞어서 사용해야 합니다(예시 : **google1234!**). 동일한 비밀번호를 2회에 걸쳐 입력한 후 **[비밀번호 저장]**을 클릭합니다.

08 비밀번호를 입력한 것이 서로 다르거나, 이전에 이미 사용했던 비밀번호라면 에러가 발생하여 다시 물어보게 됩니다. 다른 사람이 쉽게 유추할 수 있는 전화번호나 생일 등은 비밀번호로 사용하지 않는 것이 좋습니다.

01 네이버에서 **[아이디 찾기]**를 클릭합니다. 비밀번호만 찾으려고 해도 휴대번호 인증은 동일하게 해야합니다.

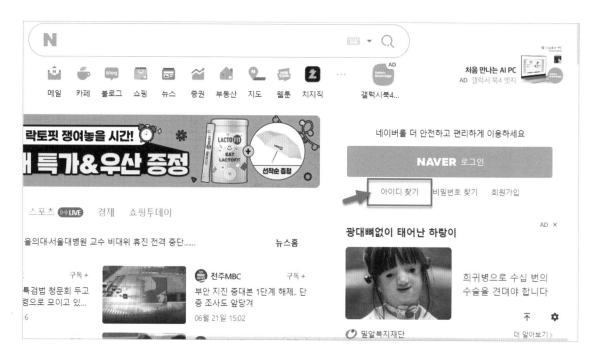

02 찾으려는 **[네이버 아이디]** 항목을 클릭합니다.

03 가입했을 때의 **❶[이름]**과 **❷[휴대전화]**를 입력하고, **❸[인증번호 받기]**를 클릭합니다. 만약 전화번호가 변경되었다면 화면 아래로 이동하여 본인 명의 **현재 휴대전화**로도 인증이 가능합니다.

04 [인증번호 발송] 상자의 **[확인]**을 클릭합니다.

05 스마트폰을 열어서 **[문자 메시지]** 앱을 실행하고 네이버에서 보낸 **인증 숫자**를 다음과 같이 입력한 후 **[확인]**을 클릭합니다.

06 가입한 ID가 모두 나타나게 되는데, 비밀번호를 모르는 ❶**[아이디]**를 선택한 후 ❷**[비밀번호 찾기]** 버튼을 클릭합니다. (참고 : 네이버는 전화번호 1번호당 **3개의 아이디까지 가입**을 할 수 있으나, **정책이 변경될 수 있음**)

07

비밀번호 재설정 창이 나타나면 ❶[새 비밀번호]를 2번 동일하게 입력한 후 ❷[보안 문자]를 입력합니다. 이미지가 잘 보이지 않는다면 ❸[새로고침]을 눌러 보안 문자가 잘 보이도록 한 후 다시 ❷[보안 문자]를 입력한 다음 ❹[확인]을 클릭합니다.

STEP **3** ▷ 비대면 본인 인증하기

포털 사이트와 기관 사이트에서 **비대면**으로 본인이 맞는지 확인하는 과정을 **[인증]**이라고 합니다. 대한민국은 휴대폰을 개통할 때 신분증을 이용하기 때문에 휴대폰 인증 과정을 거치게 됩니다. 어떠한 사이트더라도 동일한 과정이므로 잘 알아두시면 디지털 생활에 도움이 될 것입니다.

00 사이트에서 **[휴대폰 인증]** 버튼을 누릅니다.

01 본인이 통신비를 내고 있는 ❶**[통신사]** 선택하고 ❷**[전체 동의]**를 체크한 후 ❸ **[인증하기]**를 클릭합니다. ❹**[문자(SMS)로 인증]** 탭을 클릭한 후 ❺**[가입자 이름]**, ❻**[주민등록번호 앞 6자리]**와 뒤 칸에는 성별을 의미하는 1 또는 2를 입력하고, ❼**[휴대폰]** 번호와 ❽**[보안 문자]**를 입력한 다음 ❾**[확인]**을 클릭합니다.

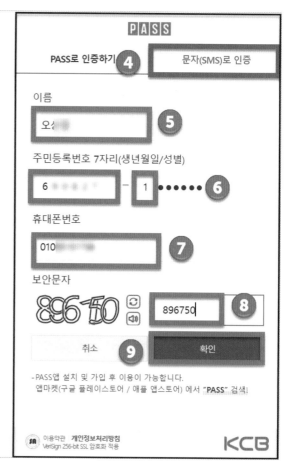

02 스마트폰을 열어서 [메시지] 앱을 실행하고 ❶문자로 인증 메시지가 도착한 것을
확인한 후, 컴퓨터에 ❷인증번호 6자리를 입력한 다음 ❸[확인]을 클릭합니다.

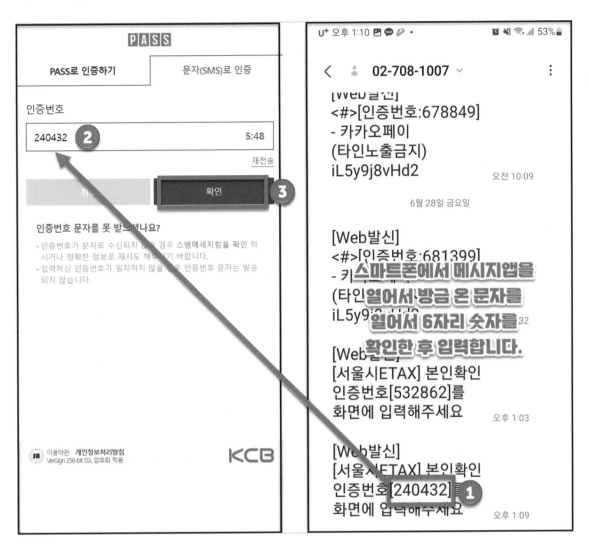

03 본인 인증에 성공하면 해당 작업을 이어서 진행하면 됩니다. 회원가입을 하는 과
정이라면 본인 인증 후 개인정보를 입력하는 양식이 나오게 됩니다.

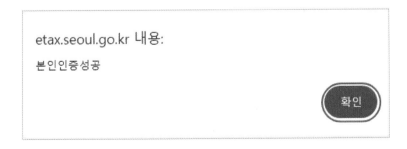